親子経営
ダメでしょ
モメてちゃ

親子だから
経営力が
高まる
本当のこと

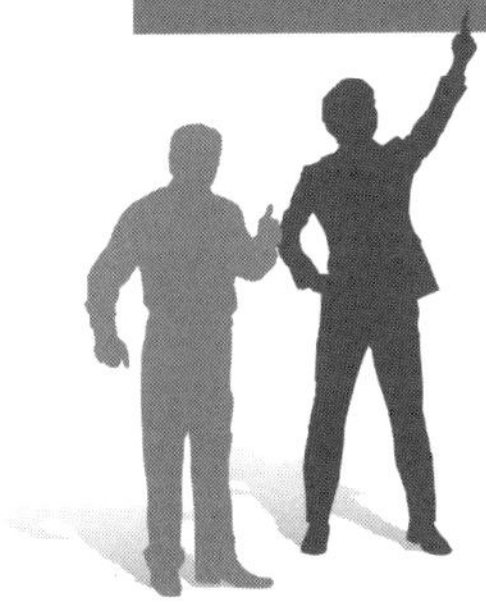

大石吉成
著

セルバ出版

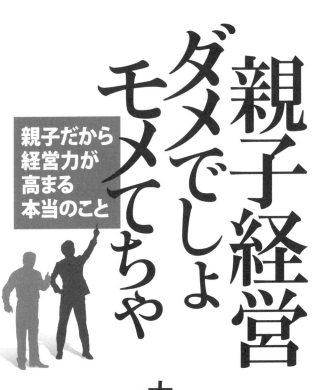

はじめに

昨今の企業不祥事の原因の1つが「お家騒動」です。その「お家騒動」の原因は、親子間、兄弟間の関係性にあります。

日本の法人企業255万社のうち97％が同族会社です。同族会社では、親子のみならず身内、親族が少なからず携わっています。そうしたすべての身内、親族の人間関係の関係性が、「お家騒動」が起こる要因だといえます。

本書では、同族経営の中でも親子が中心となり経営されているケース、「親子経営」にスポットを当て、親子で経営することの難しさと素晴らしさを知っていただき、その真価を明らかにしていきます。

経営者である父親がしてはならないこと、後継者である子供がやってはいけないこと、そして親子で力を合わせてやればこんなに素晴らしいことができるということを紹介しています。

また、親子経営の会社で働くオーナー一族、社員がしてはならないことも併せて紹介します。

親と子の間には、他人に言えない深くて複雑な確執があります。その上、父と子の間には、相克という非常に厄介なものまで存在します。

経営の規模に関係なく、経営者である父親と後継者である子供の関係が上手くいかないと業績に悪影響を与え、下手をすれば信用不安を招き廃業、倒産にまで至ることが珍しくありません。

半面、親子の関係性がよい企業では、親子の強い絆と固い信頼に裏打ちされ、堅実な歩みを残しています。

親子経営を含む同族経営企業が、非同族企業に比べ総じて企業業績が高いことは、多くの経済学者がデータを基に明らかにしています。

親子で経営することの強さと弱さを明らかにし、その真価を問い直します。

親子で経営できることが強さであり幸せであることを1人でも多くの経営者と後継者の方に気づいていただき、より質の高い経営を目指していただきたいと切に願うものです。

2016年7月

大石　吉成

親子経営　ダメでしょ　モメてちゃ―親子だから経営力が高まる本当のこと　目次

第2章　息子がこんなじゃダメでしょ

第3章　働くオーナー一族がそんなじゃダメでしょ

第4章　働く社員がそんなじゃダメでしょ

第5章　本気でやればこんなにすごい親子経営

終 章 親子経営バンザイ

序　章

モメてる親子経営を読み解く

1　昨今のお家騒動と親子の関係性

親子という厄介な関係

世の中には、後継者がおらず廃業せざるを得ない企業がたくさんある中、幸せなことに親子で経営ができる企業がたくさんあります。しかし、その幸運なはずの親子経営が、実はとても難しいのだということが広く知られるようになりました。

親子経営が難しい原因は何かというと、親子だからということに尽きます。

何故なら、親子の関係性がとても複雑だからです。歴史上、多くの著名な先人たちが、親子の関係性の難しさ故、たくさんの悲喜劇を残しているのは承知のとおりです。

親にとって子供とは、誠に摩訶不思議な存在です。自分の分身であると同時に、決して自分ではない存在。親にとって何ものにも代えがたい大切な存在であると同時に、とても厄介この上ない存在。それは、最も愛する存在であり、ややもすると執着の対象となる存在。

最も素晴らしい存在であると同時に、何か1つ流れが悪くなれば、最も自分に抗い苦しめられる存在、さらには、最も自分の足を引っ張ることになる存在。また、最も幸せを与えてくれるものであると同時に、最も不幸をもたらす存在。

それが、親にとっての子供という存在です。それ故、これまでも今もそしてこれからも、延々と多くの親子が、日々悲喜劇を演じ続けることになります。

「お家騒動」の本質

昨今、世上を賑わしているいわゆる「お家騒動」というのは、親と子が主役であり、親子を取り巻く身内、親族、古参社員たちが脇役を務めています。その1つが「ロッテ」です。

ロッテグループのロッテ商事の社長である長男が、臨時株主総会において、突然すべての役職から外されました。まさに本人にとっては、晴天の霹靂ともいうべき解任劇でした。

その後、次男を交えて親子、兄弟間での争いに発展しているのは承知のところです。

そしてもう1つが大塚家具です。このケースも問題の本質は親子の関係性にあります。父親と長女の不和がもたらした騒動です。長年に渡る父親と長女の確執が表面化したに過ぎません。互いに相手に対して少しずつの配慮があればと残念に思っています。

この直近の2つのお家騒動からわかるとおり、ともに問題の本質は「親子の関係性」にあります。親子の関係性が上手く維持されてさえいれば、このような事態を招くことはありません。また、親子の強い信頼関係と堅い絆がその企業の持つオーナー企業、ファミリー企業としての強みを更なる強みとして、更なる企業の発展と成長に寄与することは明白です。

再度あえて言うなら、親子で企業経営をする難しさの原因は、皮肉なことに親子だからということに尽きます。親と子の何とも厄介な関係が、企業において経営者と後継者という立場では、なおさら複雑怪奇な様相を呈することになります。

親子の関係性を改善

親子の問題の解決は、親子の関係がこれまでどのようであったか、今現在どのような関係であるのかを問うことから始まります。

親子の問題の本質は、親子の関係性にあると言えます。企業における親子経営を上手く機能させるには、この親子の関係性をよくする以外にありません。

親子の関係性をよくするためには、2通りのやり方があります。1つは、これまでの親子の関係をビデオテープで巻き戻すように少しずつ時間を遡って見てみることです。あるいは一気に子供が生まれたときの頃まで戻ってみることです。そして、子供が3歳になった頃、幼稚園、小学校に行き出した頃と順番に現在に至るまでじっくりと辿ってみることです。

その作業を親子2人でやればそれにこしたことはないのですが、現実はそうはいきません。別々であってもかまいませんので、2人の関係に絞って記憶を辿っていきます。そうすることで、まるで古くなったセーターを編み直すのに毛糸を少しずつ解くように、親子の関係を解きほぐしていきます。そうしていくことでどこかで綻びが見つかります。

運よく、上手く過去における2人のターニングポイントが見つかったなら、その出来事がなぜ起こったのか、その出来事の背景に何があったのかなどをじっくりと考察してみます。そうすることで、これまで互いに気づかなかったことが、意外と多く発見されるかもしれません。

当時の互いの感情や想いまで見つめ直してください。少なくとも、互いに、父親には父親の当時の事情があり、子供には子供なりの感情、事情があったのだと認めて欲しいと思います。

親子が互いに過去の自分と相手に出会うという経験をすることが、現在の親子の関係に小さな変化を起こし、その関係性を著しく変えることになります。時間と手間が掛かる方法ですが、今現在親子の関係で悩まれている経営者と後継者には1つの処方としてこれをすすめます。

誰にでもできる親子の関係性改善

さて、もう1つの方法です。前述のものとは違い、面倒な手間がいらず、またとても簡単なことです。

それは、親子の関係性を改善するために、互いの言動を少し意識して変えるということです。ただそれだけのことで、驚くほどの変化が相手に起こります。

親子の関係性は、それまでの2人の関係性の連続によって成り立っています。企業の決算書のバランスシートが日々の試算表の積み重ねであるのと同じように、2人の関係性が過去の日々の関係性の積み重ねです。

2人の関係性は、企業のバランスシートが財務内容の良し悪しにかかわりなくバランスが取れているのと同じように、親子の仲がいい悪いにこだわらず、その状態で取りあえずバランスが取れているということがいえます。

そして、そのバランスが取れている関係性に少し変化を与えてやることで、2人の関係性の質を変えます。バランスを取ろうとする働きを利用して変化を起こさせ、関係性の質を変えていきます。その少しの変化というのが、互いの言動を少しずつ意識して変えるということなのです。

例えば、これまで会社では、あまり互いに会話をすることがなかったという親子がいたとします。ある朝、息子が「社長おはようございます」という挨拶をし始めたり、何かことあるごとに息子が父親に対し「ありがとうございます」などと言い始めたりしたとします。言われた父親は、「あれ、どうしたのだろ」と思いつつ、初めは大した反応をしなくても、日が経つにつれ悪気がしなくなり、そのうち息子を見る眼に変化が少し出てきます。

人間関係は、基本、相対の2人の関係です。凹凸関係とでも言いましょうか、こちらの言動に対して必ず反応します。

例えば、こちらが言い過ぎれば相手は気分を害しますし、こちらが感謝すれば相手は嬉しく思うものです。互いに相手の言動に対しある程度予想された反応をします。この道理がわかるなら、やらぬ手はありません。まずは、自分の言動を少し変えることから始めればいいのです。

2　モメてちゃダメでしょ　大塚家具

大塚家具の経緯

さて、ここからは、3件の「お家騒動」について、筆者なりにそれぞれ読み解いてみます。

1件目が大塚家具の「お家騒動」です。改めて経過を記します。

・2009年3月　父親（勝久氏）が社長退任し代表取締役会長就任
　　　　　　　長女（久美子氏）社長就任
・2014年7月　長女社長解任
　　　　　　　父親社長復帰
・2015年1月　父親を解任
　　　　　　　長女社長復帰

・2015年7月　父親と長男（勝之氏）が匠大塚設立

この一連の騒動で、父親が悪い、やれ娘のほうが悪いなど様々な報道や記事が出回りました。現在、長女が大塚家具を率い、父親と長男が袂を分かち匠大塚という新会社を設立しています。

この「お家騒動」の発端から言いますと、2007年頃大塚家具による自社株買いがインサイダー取引に当たると告発されたことに起因します。それを受け、責任を取る意味もあり、父親が2009年社長職を辞したことから始まります。

その後の経緯は、社長に就任した長女がそれまでの高級家具を会員制で売るというビジネスモデルを根本から変えようとしたことに父親が反発し、長女解任に至ったとなっています。

当時、世評では、父親が娘をもっと長い目で見てやらなければダメだとか、娘の父親への配慮が欠けていたのではないかなど、両者への批判が噴出していました。

その後、筆者もセミナーで何度か取り上げて話していましたが、あるとき、ふと長男の存在感のなさが気になり始めました。

そして、そもそも2009年のとき、何故父親が長男ではなく長女を社長に据えたのかを考えてみる必要があると思いました。

長女と長男は年子で1つしか違いません。長男が若いからとはいえません。長男が頼りなく思え、しっかり者の長女を社長にと据えたのかもしれません。確かに周りの近しい人たちにはそう見えたようです。

２０１５年の紛糾した株主総会では、父親の古くからの知人と思われる方が最後にマイクを握って発言していました。「いろいろ言ってきましたが、こら、勝之（長男）、そもそもお前がしっかりしていないのが悪いのだ」と叫んでいました。

大塚家具の騒動を読み解く

さて、筆者の読み解きをいたします。何故あのとき長男を社長に据えなかったかということです。それは、ズバリ言いますと、長男を社長に据えたなら、もう2度と自分が社長に復帰できないからです。

父親は、インサイダー取引という企業不祥事の責任を取るかたちで、やむなく嫌々断腸の思いで社長の座を降りたのです。チャンスがあれば、また社長に復帰するぞと思うのはあながち無理からぬことかと思います。そのために、長女にワンポイントリリーフのつもりで社長をさせたのではと思います。

ただし、長女にはそんなつもりは微塵もなく、自分が会社を建て直すという一心であったはずです。

結論をいいますと、この一連の「お家騒動」は、父親がいずれ再起するための人事であったにもかかわらず、思惑どおり運ばなかったため起こった騒動であったと考えています。いわば、父親の出処進退の不手際の結果です。

3　モメてちゃダメでしょ　ロッテ

ロッテの経緯

次にロッテの「お家騒動」を考えてみます。

まずは、一連の経過を記します。事の発端、２０１５年１月の臨時株主総会において、長男（浩之氏）をグループすべての役職から解任したことでした。

ロッテグループは、日韓連結財務諸表によると、２０１４年の売上高６兆５，０００億円、その90％以上を韓国ロッテが上げています。事実上、日本事業を長男が、韓国事業を次男が管轄統治するというスタイルで長年運営されてきました。

長男の解任理由は、父親に言わずに韓国ロッテ製菓の株式を勝手に買い増したことだといわれています。また、日本ロッテホールディングス佃社長と長男との関係が悪化したことも一因ともいわれています。いずれも推測に過ぎませんが、長男が父親の逆鱗に何らかの理由で触れたのが直接的な原因だと思われます。

当初は、父親である会長が長男を放り出したことになったのですが、その後、長男が父親に泣きついたのか、父親を抱き込んだかたちで退任決議案をひっくり返そうとしました。

しかし、逆に、現在は次男（昭夫氏）がホールディングスの代表を務め、父親と長男をともにグループから放り出したことになっています。

韓国においても連日大きく報道されており、兄弟が骨肉を争う「お家騒動」として批判されています。

ロッテの騒動を読み解く

さて、筆者なりに、ロッテの「お家騒動」の原因がどこにあったのか考えてみることにします。

そもそも父親の武雄氏が、当時92歳という高齢にもかかわらず、ロッテグループの代表取締役会長として絶大な権力を有していたことに驚かされます。

そこまで高齢に至るまでに、どうして後継者を決定してこなかったのかが問われるところです。日本ロッテの長男か、韓国ロッテの次男か、どちらを後継者として指名するのか、長年決めかねてきたことのつけが今まわってきたのだといえそうです。

ビジネスセンスをいえば、次男のほうがあるのかもしれません。また、長男には、長男の甚六と窺える面があったのかもしれません。

いずれにしても、いつまでも後継者を決定することなくここまできたことが問題でした。問題の本質は、後継者の決定であり、問題の原因は、父親の権力へのしがみつきだといえます。

4 モメてちゃダメでしょ セブン&アイ

セブン&アイの経緯

最後に、これも直近で世間を騒がせたセブン&アイ鈴木会長退任騒動のお話です。

なぜ、これが「お家騒動」なのかと思われたでしょうが、これは創業家である伊藤家にすれば、まさに「お家騒動」に他なりません。

事の発端は、セブン&アイの取締役会において、鈴木会長提案によるセブンイレブンジャパン社長の井坂氏の社長退任決議案が否決されたことにあります。

当初から、井坂氏の退任については、多方面から疑問視されていました。セブンイレブンの業績が悪いわけでもなく、何ら個人的失策があったわけでもないのに、なぜなのかと言われていました。

そんな中、報道が重なるにつれ、どうも鈴木会長の次男が絡む後継者問題ではとの憶測までされる始末でした。

実はセブン&アイの取締役には、鈴木会長の次男だけでなく、創業家の次男も就任しています。伊藤家にすれば、創業家の次男を差し置いて、鈴木会長の次男を先の後継者にしようなどとはあってはならない話です。

セブン&アイの騒動を読み解く

さて、筆者なりに、今回の騒動を読み解いてみます。

まずは、創業家である伊藤家からの視点で見ることが必要かと思います。鈴木名誉顧問は、なるほどセブンイレブンジャパンを日本一のコンビニチェーンに仕立て上げた大功労者であり、文字どおりのカリスマ経営者として自他ともに認めるところです。

しかしながら、創業家から見てみますと少し違って見えるわけです。鈴木さんにはとても優れた経営手腕があるからこそ経営を任せていたということに過ぎません。要するに、鈴木さんは、創業家にとって「大番頭」さんだったわけです。

その「大番頭」さんが、何を血迷ったか、創業家の息子を差し置いて自分の息子を取締役に就け、ゆくゆくは後継者にしようなどとは、思い上がりも甚だしいと創業家の人たちが考えたとしても無理のないことかと思われます。

筆者から言わせますと、一連の騒動は、伊藤家の「大番頭」がお家乗っ取りを企てた騒動であったと見るべきだと思っています。

有終の美を飾る難しさ

どのような優れた政治家や経営者でも、人生の最後の最後まで己の生きざまを貫き通すことはとても難しいことかもしれません。その数少ない1人が、かつて「めざしの土光さん」といわれた土光敏夫氏です。石川島播磨重工業、東芝などを経営され、経団連の第4代会長を歴任されていました。筆者が子供の頃、時たまテレビで拝見しましたが、その私生活の質素な趣きがとても印象的でした。奥様と2人の食卓に並ぶ夕食のおかずがめざしだったことが、今も目に焼きついています。

その反面、歴史をみれば、優れた武将が晩節を汚してしまう例には事欠きません。豊臣秀吉などはその最たる例でしょう。彼ほどの天才的な戦略家であり政治家が、晩年にできた息子1人のために恥も外聞もなく取り乱したことは、当時も多くの人たちが残念に思ったと想像されます。

父親にとって、息子とはとても厄介な存在です。自分の人生においてこれほど愛しい存在はないと同時に、これほど自分を悩ます存在もありません。父親と息子の葛藤は、下手をすれば大変不幸な結果を生むことが往々にしてあります。セブン&アイの鈴木元会長ほどのカリスマ経営者が、わが息子のことで判断を誤ってしまったのかと残念に思います。

第1章　親父がこんなことしちゃダメでしょ

1　親父自ら息子を育てようとしちゃダメでしょ

親父に息子が育てられない7つの理由

経営者である父親が自分の息子を自らの手で次の経営者たるべく育てようとすることには、無理があります。

あえて断言するならば、経営者である父親が、自分の息子を育てることは、できないということです。

では、なぜ、父親が息子を育てられないのでしょうか。それには7つの理由があるからです。ここでその理由をお話しします。

まずは、1つ目です。父親が自分の考え方や価値観を息子に押しつけようとするからです。父親は、息子をまるで自分の分身であるかのように思うことがあります。当然、考え方や価値観が同じであると思っていますし、違っているとすれば許せません。

2つ目、父親は、自分の経験値ですべて判断しようとするからです。父親には、自分がこれまでしてきた自分の経験が、よくも悪くもすべての判断基準になります。あえて言うなら、自分の経験したことしかわからないのです。

３つ目、父親が自分への感謝を強要するからです。父親が家族みんなに、今があるのはすべて俺のおかげだと臆面もなく言うことがあります。これまで育て上げ、大学まで行けたのも、すべて俺のおかげだから父親に感謝するのが当然だと言います。

４つ目、父親が息子へ過度な期待をするからです。父親が自らの出来は差し置いて、末は博士か大臣かと夢見てきました。息子が自分と同じ仕事をしても、自分がしてきた以上のことができると相変わらず夢見続けています。

５つ目、父親は息子がいくつになっても息子を基本、認めていないからです。父親にとっては、息子がいつまでも頼りなく見えてしまいます。できているところは見ずに、常にできないところばかりを見ています。

６つ目、父親は所詮、息子には父親のことがわからないと思っているからです。父親は、息子のことが全部わかっていると思っています。しかし、息子には、いつまでたっても父親のことなど決してわからないと思っています。

７つ目、父親は息子に何も言わずとも父親の背中を見ていればできるし、わかるものだと思っているからです。これは父親が息子との付き合い方、まして育て方など全くわかっていないと自ら言っているようなものです。

根拠とするところは

中国儒教の経典、四書のうちの「孟子」から一節ご紹介します。

なぜ、突然「孟子」がここで登場するのか、まずお話しします。

筆者の経営塾においては、塾生とともに四書（大学、論語、孟子、中庸）を学んでいます。経営者としての心構え、特にリーダーのあり方を学ぶのにこれ以上の教科書がないと考えているからです。筆者の経営塾は、後継者を社長にするため「帝王学」を学ぶ「寺子屋」です。

さて、その中で「孟子」の次の一説に出会い、それまで筆者が持論として言ってきた「親父に息子は育てられない」ということが、間違いではなかったと確信することができました。それをご紹介します。

「公孫丑《こうそんちゅう》曰く、君子の子を教えざるは何ぞや。孟子曰く、勢い行なわれざればなり」……孟子の門人の公孫丑が孟子に尋ねました。「昔より君子は自分の子を自ら教育することがなかったということですが、それはなぜなのでしょうか」。孟子は、「それは父親が直に子供を教えることが結果として親子の関係性を悪くすることが多いからだ」と言われました。

「教うる者は必ず正を以てす。正を以てして行なわざれば、之に継ぐに怒を以てす。之に継ぐに怒を以てすれば、則ち反って夷《うしな》う」……教える父親は、絶対の確信を以て息子に事の道理を教えます。しかし、教えたとおりのことを息子ができないと、父親はついつい怒りをもって叱ります。本来よかれと思って教え始めたことが、かえって息子との関係性を悪くしてしまいます。

「夫子我に教うるに正を以てするも、夫子未だ正を行わざるなり、則ち是れ父子相夷うなり」……息子は、父親が自分に厳しく指導をするものの、父親自身の行動を見ると「自分ができていないことを私に強いている」と思って不信感を抱いています。これでは互いの不信の連鎖が止まりません。

「父子相夷えば則ち悪し。古者は子を易《か》えて之を教う。父子の間《かん》は善を責めず。善を責むれば則ち離る。離るれば則ち不詳これより大なるはなし」……親子の関係が悪くなることは決していいことではありません。よって、昔の人は、他人の子と取り換えて教えていたものです。特に親子の間で堅苦しい道徳のみを無理に押しつけるのはよくありません。無理強いすれば、親子の関係性が悪化します。親子の関係が悪くなることほどの人生の痛恨事は他にありません。

今から２３００年以上前の人である孟子が昔からと言うのですから、３０００年もあるいはもっと前からといっても差し支えないのではと思います。

父親が自分の経験から自分が正しいと思うことを息子に教えておいてやりたいと思うことは当然のことです。しかし、父親が言うことが正しければ正しいほど息子は反発します。せっかく正しいことを息子に伝えようとしているにもかかわらず、そのおかげで親子の関係が悪くるなど、本末転倒といえます。

それゆえ、孟子が言うように、父親自ら息子を教え育てようとすることは慎むべきことだとなります。

2 妻子の顔がまともに見られないことしちゃダメでしょ

「会社のため」という言い訳

父親である経営者が、聖人君主でなければならないということではありません。ただ、現実に会社経営をする中で、経営者には様々な誘惑と闘わねばならないときが多くあるということです。

会社を存続させるため、利益を少しでも増やすため、売上をこれまで以上伸ばすためなど、もっともな目的のために超えてはならない一線を超えてしまうことがあります。いわゆる企業不祥事の数々です。

企業不祥事の1つが粉飾決算です。例えば、2011年には、オリンパスの粉飾事件が起きました。バブル期につくられた損失1,300億円を10年以上も歴代社長のもとで隠し続けられたという事件です。

また、最近では、同じように東芝の粉飾事件が発覚しました。こちらは、数年にわたる業績不振を隠すために、毎年のように売上過大計上、経費過小計上という手口で架空利益を上げてきたようです。その額1，562億円です。

そして、直近では、三菱自動車による燃費試験の不正問題です。これは、軽自動車の型式認証取得において、燃費試験に使うデータを不正していたと日産自動車からの指摘で事が発覚しました。

三菱自動車の場合は、過去に2度のリコール隠しがあり、その都度企業改革がなされたと思われていた中での事件発覚でした。

いずれのケースでも、経営者はじめ不正操作にかかわったすべての社員が口を揃えて言うのが、「会社のため」でありました。自分たちの保身のためにした誠に無責任極まりない事件です。

彼らはみんな、会社のためというお題目を唱えながら、自分がしたことを一生懸命正当化しようとしています。自分の心に疚しさを感じながらも、誰もが同じようなことをしているのだと自分に言い聞かせながら、自分を納得させていたのです。

企業不祥事は割に合わない

これからも度々引用しますが、論語の一節、「子の曰く、人の生くるは直し。これを罔《し》いて生くるは、幸いにして免《まぬが》るるなり」とあります。

筆者なりに読み解きますと、「人が生きるとは誠実に一本道を真っ直ぐに歩くことに他なりません。常に不誠実で不正の数々を行いながらよしんば今無事であるとしても、それはたまたままぐれで生かされているに過ぎません」とでもいうことでしょうか。

世にある企業不祥事の数々が表沙汰となり事件となるのは、氷山の一角のようなものでしょう。さきほどのような大企業では、不正操作に関わる人数が多いこともあり、事件として発覚する可能性が増すのですが、中小企業ではよほどのことがない限り表面化することがありません。

しかし、オーナー企業である中小企業といえども、いずれ時間の経過とともにどこかに綻びが生じてきます。自分の代では何事も起きなかったとしても、後継者である息子の時代に事が表面化するかもしれません。

己に恥じない生き様

この問題の本質は、経営者の人間としての生き方、生き様にあります。経営者として行ってきたことが、人間としてどうなのかと問われているということです。企業活動だから、ビジネスだから許されると思ってやってきたことが、本当にそうなのかが問われるということです。

もっと言うなら、経営者としてしてきたことを、胸を張って家族に言えるのか、妻に言えるのか、そして子供に言えるのかということです。さらに言うなら、己に恥じずにおれるのかということに尽きます。

3　ワンマン経営者がカリスマ経営者気取りじゃダメでしょ

オーナーシップの発動

経営者は、得てして自己中心的になりがちです。経営の全責任を負って日々様々な経営判断をしなければなりません。

自分を中心に、自分を軸にして考える習慣がついています。それが上手くいけばカリスマ経営者と呼ばれ、下手を打てばワンマン経営者と呼ばれます。

ワンマン経営者がすべて悪いということではありません。世の中には、オーナー経営者がリーダーシップを取れず、任せるべきでないことまで社員にすべて任せてしまっている経営者がいます。

中には事業が上手くいっていないことを経営者がわかっていながら、社員にすべてを任せているからといって、何も手を打とうとしないオーナー経営者がいます。事業の見極め、そして見直しは、経営者にしかできないにもかかわらず、座して静観しています。

そういう経営者なら、ワンマン経営者のほうがよほどましなのではと思っています。オーナー経営者が会社の所有者として、本来の責任と役割を果たさずして何とするのかというところです。

独善の戒め

ワンマン経営者が批判される理由はいくつかあります。まず、あまりにも独りよがりであること、何事にも自己中心的、独裁的であること、自社と個人の利益を追求しすぎること、そして自分と身内親族に甘いことなどが考えられます。

論語の一節に「君子は義に喩《さと》り、小人は利に喩る」とあります。筆者なりに読み解きますと、「君子は何かをしようとするとき、人間としてそうすることが正しいのかどうかと考えて行動する。小人はそうすることが自分にとって得か損かを考え行動する」ということでしょうか。

会社経営が利益の上に成り立つことは当然のことながら、会社経営の目的が利益の追求だけというのでは、今の時代到底受け入れられません。企業が法人である以上、社会的存在、公器としての責任と役割が求められます。

社会的正義の追求

さらに言うなら、企業には、社会的正義の実現を担う責任があるともいえます。それ故に、経営者が自社の利益だけをがむしゃらに追い求めることや、個人の資産を増やすことだけに固執することには、社内、社外からも抵抗や批判の噴出が予想されます。

論語の一節には、「それ仁者は己が立たんと欲して人を立て、己が達せんと欲して人を達す」とあります。これは、「人間は自分がこうしたい、こうなりたいと思うことを自分より先に人をして実現させるものだ。自分が望むところのことを人にすすめ導くことだ」となります。

ワンマン経営者がカリスマ経営者に変わる瞬間が、ここらにあるように思われます。経営者が自社の利益だけを考えるのでなく、他社のこと、業界のこと、そして世の中のことまで考えた上での事業展開を推し進めたとしたならどうでしょう。

常に他社あっての自社、業界あっての自社、世の中あっての自社という観点から事業経営をしたなら、自ずと事業の発展と成長が実現されるのではないでしょうか。そのような企業を世の人々が放っておくはずがありません。

オーナー企業経営者が独善に過ぎることは、百害あって一利なしです。オーナーとして本来の所有者責任と役割を正しく発揮していただくことが、まさにオーナーシップの発揮に他なりません。

4　成功者を気取る不遜で傲慢な親父じゃダメでしょ

成功話が鼻につく

成功されているオーナー企業経営者にこれまで数多くお会いしてきました。いろんなタイプの経営者がいるものです。

中には驚くほどとても謙虚な経営者に出会うことがあります。話を伺ってみると、とても数奇な人生を歩んでこられ、人並みでない苦労を重ねてこられたにもかかわらず、淡々として大変慎ましやかであったりします。そういう経営者とお話した後は、こちらの心まで何やら落ち着き、妙に安心感が得られたりします。

それとは真逆で、正に我こそ成功者だと主張しているかのような方がいます。この方の話も同じようにとても面白く、それこそ立身出世を絵に描いたようであったりします。その経営者の人生の物語を聞かせてもらうのですから面白くないわけがありません。

話を聞くうちに、節々にその経営者の不遜な顔が少しずつ見え隠れし始めます。よくよく聞いてみると、自慢話としか思えなくなります。こういう経営者とお話した後は、こちらの心が何やらざわざわと落ち着かず、妙に不安を憶えたりします。

織田信長の高ころび

今、たまたま読んでいる本の中に、戦国時代の禅僧で大名にもなった安国寺恵瓊が毛利方へ織田方の情勢を報告した書状が載せられていました。その中で、織田信長と豊臣秀吉を評した有名な一節があります。

「信長の代、五年三年は持たるべく候。明年あたりは公家などに成らるべく候かと身及び申し候。左候て後、高ころびにあおのけにころばれ候ずると見え申し候。藤吉郎さりとてはの者にて候」（吉川家文書）

当時、恵瓊は、毛利の外交僧として上方の情勢や権力者の人物評を冷静に分析していました。この書状で恵瓊は、信長の死と秀吉の台頭を言い当てています。日の出の勢いである信長の生き様の中にある種の危うさを感じ取っていたのでしょう。

信長は、「天下布武」を標榜し、文字どおり天下を治めようと孤軍奮闘していました。信長像として傲慢、不遜、増上慢、独善などの面があったことは否めません。まさにその面が恵瓊をして危ういと言わしめたのではと思われます。

無用に威を張る

論語の一節に、「君子、重からざれば則ち威あらず」とあります。なおかつ「威にして猛からず」ともあります。

「経営者は、軽々しくなく、重々しくなければならない。そうでなければ威厳が保てず侮られる」「経営者は威厳や権威があるにもかかわらず猛々しくはなく慎ましやかである」ということでしょうか。

オーナー企業経営者は、自分の威厳、権威を保とうとして重々しさを装おうとします。「威」というのは、装うものでも「威」を張るものでもありません。また、見かけや見栄えではなく、人間としての徳が備わってこその「威」だといえます。

人徳がある経営者には、自然と威厳が備わります。無理に重々しさを装う必要などありません。そして、人徳がある経営者は、決して猛々しいところがなく、常に謙虚で慎ましやかなものです。

一代で身代を築き上げてきたオーナー企業経営者が、常に謙虚であることは難しいことかもしれません。知らず知らずのうちに、傲慢で独りよがりになっていることにも気づかず、「高ころび」の危うさにも気づかずにいるのかもしれません。

5　ここという正念場で慌てふためき下手を打っちゃダメでしょ

好事魔多し

会社経営をしていると、日々様々な問題が起こります。社内業務上のトラブルに始まり、取引先とのトラブルにいたるまで、大小いろいろなことが起こります。中には、企業の存続を揺るがすような大きなトラブルがある日突然に表面化することがあります。

また、好事魔多しと言うように、業績が順調なときに得てして不祥事や事故、事件などが起こるものです。一瞬にして企業が苦境に陥ることがあります。経営者の真価が問われる瞬間です。

経営者が泰然自若として落ち着いて事に当たるのか、慌てふためき動揺して対応を誤るのかで事後の状況が大きく変わります。願わくば、経営者が冷静沈着に問題の本質を見極め、自らの責任と役割を果たして欲しい場面です。

横浜マンション傾斜問題

先日来世間を騒がせている企業不祥事があります。横浜のマンション傾斜問題です。この事件で一番驚かされるのが、販売元である三井不動産レジデンシャルと建設請負元である三井住友建設の経営者の顔が見えないことです。

正式な謝罪会見がなく、取材に応じるかたちでのコメントが出たにすぎません。その上どこか他人事のような、当事者意識がまるで感じられない様子が窺われました。すべての責任が建設請負の2次下請けである旭化成建材にあるかのような振る舞いでした。

さらに、もう1つ驚かされたのが、旭化成建材の社長の言葉でした。まるですべての責任を現場でデータ管理をしたベテラン社員1人に押しつけようとしているかのような内容でした。

経営者自らの責任については一言も触れず、ひたすら自社の社員の不始末、不祥事として押し通そうとしているようでした。

挙句の果てには、自社の社員の人格を貶めるかのような発言まで飛び出す始末でした。

そして、先日の旭化成建材の謝罪会見では、社長の出席がなく、常務執行役員が代わって謝罪をしていました。少なくともあの場は経営者自らが出るべきところでした。

前記3社の経営者に共通していることは、責任を他社、他者に押しつけているところです。自社、自己には責任がなく、すべての責任は他社、他者にあるという無責任な姿勢です。

すべての責任を負う覚悟

論語の一節には、「君子は諸《こ》れを己に求む。小人は諸れを人に求む」とあります。「君子たるもの何か事が起きたとき、すべての責任を自らに求めるものだ。それに対しつまらぬ者はすべての責任を他人に求めるものだ」となります。

孔子の時代も今の時代も、人は変わらず同じ過ちを犯すものです。企業の経営者が、しかも有名な大企業の経営者が、揃いも揃って己の責任を果たすことなく、他に責任を負いかぶせる様は何とも無様としか言いようがありません。

しかも、責任を下へ下へと、強いものから立場の弱いものへと押しつける姿は、見苦しいものです。大企業の経営者とはいえ、所詮はサラリーマンの成れの果てなのでしょうか。経営者としての責任と覚悟がないのだとしか思われません。

危急存亡の秋

最後に論語よりもう一節。「子の曰く、君子固《もと》より窮す。小人窮すれば斯《ここ》に濫《みだ》る」とあります。「君子といえども困窮することはまま起こることだ。ただ、つまらぬ者たちは少し困ると動揺しうろたえてしまう」ということでしょう。

オーナー企業経営者がこのような不祥事に遭遇した場合、対処するに当たり、どこにも逃げ場がないのだと覚悟しておいてもらいたいところです。取引先に責任転嫁をしようなど考えないことです。まして自社の社員に責任を押しつけるなど考えるまでもないことです。

危急存亡のときこそ経営者が泰然自若としてあること、冷静沈着に事に当たることです。問題の本質を見極め、迅速な対応を心がけ、すべての責任が経営者にあることをまず明らかにすることです。それでこそ道が開けるというものです。

6　息子は自分の思いどおりにできると思っちゃダメでしょ

「シッダールタ」の世界

ドイツの叙情詩人・小説家であったヘルマン・ヘッセの「シッダールタ」という本の話です。筆者は、この本を昨年友人のすすめで初めて読みました。以来、今回で6回読んだことになります。

もともと多読、乱読がスタイルで、同じ本を2回と読むことなどしたことがありませんでした。にもかかわらず、この本をなぜ6回も読んだのかと言いますと、すすめた友人がこの本を500回以上読んだと言ったからです。

それを聞いて、なぜ友人がこの本を500回以上も読んだのかをただ単純に知りたくて読んでみたのです。すると不思議なことに、2回、3回と読んでみると、毎回違うところが気になり、新しい発見があることに気がつきました。

そして、現在、6回読んだところで、今、最も印象に残っているところをお話しします。ブッダが生きていた時代のインドでの話です。

シッダールタというバラモンの息子がいました。彼は、父のもとで純粋で優秀な修行者として育ちました。

シッダールタは、人生の意味を探求すべく修行の旅に出ていきます。数々の苦行を重ね、川守りをしながら川から多くのことを学びます。遂には凡人にはなし得ない悟りの境地に至ります。

厄介で愛おしい息子という存在

そんな彼のもとにある日突然彼の息子が現れます。若き日に愛した女性との間にできた子供でした。女性のもとを彼が去ったとき、彼女のお腹には息子が宿っていました。そのことをシッダールタは知ることなく出てきたのでした。

長年の苦行を経て、安らかで平安に川守りをしながら川と対話をして過ごしてきた彼のもとに見知らぬ少年が現れ、自分の息子だと知りました。そのときのシッダールタをまるで雷が突然目の前に落ちたかのような衝撃が襲いました。

それまでの苦行、修行など何にもならなかったかのように、ただシッダールタは動揺し、うろたえてしまいました。初めて出会った息子が愛おしく、狂おしいくらい大切に思われました。

それからの彼は、息子の一挙手一投足が気になってしかたありません。わがままに育った息子がすることをただおろおろと見るだけで叱ることもできません。

そんなある日、その息子が突然彼のもとから去っていきます。シッダールタは、出て行った息子を追おうとします。しかし、途中で探すことを諦めます。そして、また、川守りとして暮らし始めます。インドの広く大きな川がまた彼の心に話始めます。

そんなお話です。シッダールタのように、人生経験を重ね、数々の煩悩と折り合いをつけ、ようやくにして悟りの境地に至った人でさえ、息子が現れただけでただの父親にもどってしまうということがとても衝撃です。

父親にとって、息子とは実に厄介な存在です。これほど愛おしく、これほど扱いに困る存在はありません。自分の思うように決してならない、どうしようもないのが父親にとっての息子です。

息子への過度な期待と執着

筆者自身、かつて息子を後継者として縛っていたことがあります。経営者はこうあらねばならぬ、こうしなければならぬ、だから息子はこうあってもらわねばならない、そんなことばかり思って息子と接していました。

筆者には、息子の心が見えていませんでした。息子といえども別人格であり、自分とは全く違う人生を歩む1人の男だということを理解していませんでした。

論語から一節。「備わるを1人に求むる無かれ」とあります。「誰か1人に十分以上のことを求めてはいけない」となります。

筆者は、息子に過度な期待をかけていました。彼自身がどう考えているかなど斟酌することなく、ただただ会社の後継者として息子を見ていました。後を継ぐならこれぐらいできて当たり前、なおもっとそれ以上のことができてもらいたいと考えていました。

父親として、息子への強い執着は、互いを不幸にします。そして、息子への過度な期待が息子の反発を招き、親子の関係を不和にします。

筆者がそのことに気づき、初めて息子との関係性が変化しました。父親の息子への執着と過度な期待が、親子の関係性をおかしなものにします。

7　家庭を乱して会社を不安定にしちゃダメでしょ

企業のもとは家庭にあり

企業経営者にとって家庭の存在は大きいものです。経営者の家庭のあり方が、会社のあり方に大きな影響を与えます。そういう意味では、経営者の家庭の乱れが会社を乱すことになります。経営者たる者、まず家庭をよく治める必要があります。

昨今の企業不祥事の原因の多くが、いわゆる「お家騒動」であることからも、経営者が家庭を上手く治めることが如何に大切であるかがわかります。いうなれば、企業不祥事の原因が経営者の家庭にあるということです。

中国古典の経書「大学」の一節には、「謂わゆるその家を斉《ととの》うるはその身を修むるに在り」とあります。「家庭をしっかりと治めるには、まず父親自身が自らを慎み、律し、修養に努めることが必要です」となります。

経営者である父親が、経営者である以前に父親であることを自覚することは、意外と難しいことです。

筆者自身も経験がありますが、若いときはなおさらのこと、家庭や家族よりも仕事を優先しがちになります。誰しも若いときは、血気にはやり、自分の夢や仕事に没入してしまいます。親と子供の面倒を妻に押しつけ、朝から夜遅くまで仕事をします。休日と平日の区別がなく、たまの休みには取引先とのゴルフが入ったりします。

ややもすると、父親としての役割と責任を仕事することで果たしていると思っていたりします。そんな日々の積み重ねが、家庭での父親としてのあり方と家族それぞれとの関係性を決定づけています。

ロッテと大塚家具の「お家騒動」を見ても然り、経営者である父親が彼らの家庭を上手く治めていたとは到底想像ができません。夫婦の関係性、親子の関係性、そして兄弟姉妹の関係性がどのようであったかが窺われます。

修己治人

もう1つ「大学」の一節には、「天子より以て庶人に至るまで、壱《いつ》に是れ皆身を修るを以て本と為す。その本乱れて末治まる者は否《あら》ず」とあります。「天子から庶民に至るまですべての人にとって、自分の人生において自分をよく修めることがすべての根本となります。その根本である自分自身が乱れては、家や会社が上手くいくはずがありません」ということでしょうか。

経営者である前に、父親である自分自身を見つめてみます。１人の人間として、自らの人生を思い返してみます。自省を繰り返すことで、身を修める一助にします。そう意識し始めたことで、父親として家族との関係性に変化が現れます。

経営者としての立場など、人生にとって大した問題ではありません。たまたま何かの縁があり、また機会があって、経営者としてあるにすぎません。それ以前に父親としての立場のほうがよほど重要で大切なことです。

父親が、自分の人生の主導者が自分であるという自覚のもとに修養に努めるならば、家族のリーダーとして立派に家庭を治めることができます。そして、自分の家庭を父親としてよく治めることができた経営者こそが、会社を上手く治めることができるに違いありません。

8　いつまでも息子が頼りないと言っちゃダメでしょ

桃の木とみかんの木

父親にとって子供はいくつになっても頼りなく思えるものです。少しの出来事で一喜一憂するのでなく、冷静に温かい目で見守って欲しいものです。

いったん後継者と決めたなら、じっくりと時間をかけて育て上げてください。階段を一段一段ゆっくりと登らせているつもりで、注意深く見ていて欲しいところです。

大切なのは、自分の子供といえども自分とは全く違う別人格であるということをしっかりと認識することです。よく話すことですが、親から子への経営交代は、まさに「接ぎ木」です。

桃の木である親父がみかんの木である息子に接ぎ木をしたとします。親父は、息子も自分と同じように、時が来れば立派な桃を実らせるものと期待していました。

ところが、できた実が自分とは全く違うみかんでした。親父は激怒します。俺の木にみかんなど実らせて、いったいお前は何を考えているのかと…。

叱られた息子は、訳がわかりません。親父の跡を継ごうと一生懸命努力をして立派な実をたくさん実らせたのに、褒められこそすれ怒られるなどと思ってもいませんでした。これまで以上に幹を太らせ、さらに根を深くしっかりめぐらせまでしたのに、親父の怒りがとても理不尽に聞こえてきます。

別人格であることを認める

実際にもこれと似た話がたくさんあります。特に創業社長と後継者に多い話かもしれません。序章で紹介した大塚家具さんなどは、このケースの典型でもあります。創業者である会長と後継者である長女との関係性が、桃の木にみかんの木を接ぎ木したのと同じようです。

自分の会社を継いでくれとは言ったけれど、親父が創ったビジネスモデルを勝手に変えてしまうとは夢にも想像していなかったかのようです。長女をいつまでも子供だと思ってしまっていたのかもしれません。まして全く自分とは違う別人格であり、立派な女性であり、経営者であるということを最後まで認めなかったのでしょう。

自分の子供である後継者を1人の別人格を持つ人間として認識をした上で、時間をかけ、ゆっくり、じっくり、辛抱強く見守ることが必要です。

大塚家具の場合は、本当に長女を後継者と考えていたのかは序章で述べたとおり疑問が残るところです。後継者だと決めたのならば、もっと辛抱強く見守る必要があったことは言うまでもありません。

父親が息子を認めるとき

筆者は、親父が経営していた建設資材販売会社を30歳で継がせてもらいました。筆者は、親父の40歳のときの子供でしたので、親父は70歳になっていました。親父からすれば30歳の息子はとても頼りなく思えたと思います。

当初、親父は、経営交代をとても嫌がっていました。自分は70歳といえどもまだまだ元気で現役でやれると思っていましたから、当然のことでした。その上、長男とはいえ、まだまだ30歳になったばかりの若造に経営を任すなんてあり得ないと思っていました。

そんな親父が、なぜ経営交代を許したのかといいますと、会社設立以来、初めて大きな赤字を出したからでした。それまでは、長年にわたる好景気を背景に、公共工事が全国津々浦々まで発注され続けていました。

会社があった淡路島は、島であったこともあり、ご他聞に漏れず道路、ダム、港湾工事、橋梁工事など、あらゆる公共工事が次から次へと発注されていました。その恩恵をまともに受けていたのが筆者の会社でした。しかし、時代の流れとともに、そんな業界環境にもだんだんと陰りが出てきていました。

親父にすれば、公共工事が減っていくなど考えられないことでした。それまで年々順調に売上が伸びていたものが、初めて売上が減少しての赤字決算をしました。親父には、それがとても堪えたようでした。そして、経営に初めて自信を失くしました。

それがあって、渋々ながら30歳という若い息子に社長を譲ったのです。おそらく、大きな赤字決算がなければ、親父は80歳くらいまで現役で社長をしていたかもしれません。公共工事が減少し続ける中、これからどうしたらいいのか親父には考えられなかったのです。

父親にとって、息子はいくつになっても息子であり、頼りなく思えるものです。そんな父親が、どうしたら息子を認めるようになるのでしょうか。それは、父親の中で何か変化が起こることがきっかけとなるのかもしれません。

筆者の親父の場合は、経営に自信を失くしたことでした。その他考えられることは、父親が何か心を震わすような感動に出会ったとか、何かの拍子に自分の過去を振り返ることがあったりなどの経験や体験が、親父の考え方や行動に変化を促すことがあるということです。

父親自身が変わってはじめて息子を見る目が変わります。自分が思っていた以上に息子が大きくなっていることにようやく気がつきます。その親父の変化が、息子にとって限りなく嬉しく思えます。

9　息子に安易に肩書だけを与えちゃダメでしょ

権限移譲は難しい

経営者である父親には、経営交代をする前段階で、後継者である子供に少しずつ自分の仕事を任せ、権限の一部委譲をして欲しいという話です。簡単なことのようで、意外とできないことです。

父親からすれば、自分の仕事を一部任せることになりますから、それなりの覚悟がないとできません。それまで、当たり前のこととして持っていた自分の権限を少しずつ失くしていくことになりますので、予想以上の大きな喪失感に戸惑うことになります。自分の子供とはいえ、経営を渡すことに躊躇を覚える瞬間かもしれません。

実際のケースとして多いのが、経営者である父親が子供に役職を与え、役割と責任を課すのですが、それに伴う権限を委譲することに積極的ではないということです。仕事を任せるということは、仕事を成就させるために、必要な決裁権等の権限を併せて委譲することに他なりません。

かつて筆者は、青年会議所のメンバーでした。メンバーは、20歳から40歳までの地域の企業の2代目、3代目が多くいました。現役メンバーの中で、すでに経営交代がなされ、企業の代表者である者が何人かはいましたが、多くは専務、常務といった役職についていました。

現役メンバーには、経営者が少ないのは当然ながら、40代、50代のOBメンバーにも、父親が元気なので、依然、専務、常務のままだという方が多くいました。中には、60代の先輩が、いまだ後継者のままだという方もいました。

ここで肝心なことは、いくつで経営交代すればいいのかということではなく、専務、常務という役職にふさわしい仕事がなされているかということです。経営者である父親が、相変わらずすべての権限を握ったままで、名前だけの専務、常務だという方が多いのではと危惧するところです。

役職には権限と責任が伴う

序章で紹介したロッテの長男解任劇などは、まさにこのようなケースではないかと思われます。90歳を超える父親が、いまだグループ会長として絶大な権限を握っており、日本のロッテ事業の総責任者であった60歳を超える長男をいとも簡単にグループから放り出しました。

長男が、長年、ロッテグループの後継者候補の一番手であったのは間違いないところです。その役職に伴う役割と責任は、十分に果たしていたと思われますが、それに伴う権限を有していたのかが甚だ疑問に思われます。グループ会長である父親に役割と責任そして権力が集中されたままで、長男の権限は大幅に制限されていたのではと感じています。

その上、長男の傍には、お目付け役として住友銀行（現三井住友銀行）で専務、ロイヤルホテルで社長を務めていた日本ロッテホールディングスの佃社長が就いていました。伝聞によれば、佃社長と長男の関係が悪化したことも解任の要因といわれています。この佃社長の存在により、長男の権限と責任がさらに制限されていたとも考えられます。

大王製紙御曹司

もう１つ思い出すのは、大王製紙の御曹司が巨額の金をカジノで使ったという企業不祥事です。

２０１１年、大王製紙３代目である井川意高氏が、85億円を私的流用したとして特別背任罪で逮捕され、4年の実刑判決を受けました。

２００７年、意高氏は42歳で社長に就任し、２０１１年１８２億円の巨額赤字計上の責任を取るかたちで会長職に就いていました。ロッテのケースと同様な点は、父親がグループ会長として君臨し続けていたところです。

ただ、ロッテの長男とは違い、権限はお持ちだったようです。なぜなら、グループ各社から１００億円以上のお金を私的に出させたのですから、権限が制限されていたとは思われません。しかし、権限に伴う責任は問われていなかったようです。

筆者が観るところ、グループ会長である父親のグループにおける存在がとても強く大きなものであったが故に、息子の部下たち幹部が会長の体面をはばかり、忖度し、息子の不祥事を隠し続けたことが事を大きくした一因だと考えます。

意高氏が社長を務めた4年間の業績を見ても、経営者として十分に役割と責任を果たしたとは言い難いところです。役職とともに絶大なる権限を有し、使用したことだけが明らかなのは、誠に残念なことです。

経営者である父親が、いずれの日か経営を子供に渡そうと思うのであれば、子供に少しずつ自分の仕事を任せると同時に、それに伴う権限を委譲してやることが大切です。

ただし、権限とともに役割と責任を果たさねばならないことを伝えること、それが父親の責任と役割であると覚悟を決めてください。

10　自分子飼いの役員、社員だけ可愛がっちゃダメでしょ

後継者のストレス

オーナー企業では、親が子供に会社を譲ることが一般的であり、順当な経営継承だと考えられます。ただ、経営幹部や社員の心情に配慮が必要です。後継者である子供の悩みの１つが、経営幹部や社員との人間関係をどのように築けばいいのかということです。

経営者である父親が、自分の子供に会社を譲る際に、誰に遠慮がいるものかと考えるのは当然のことといえます。創業経営者であればなおさらそう思うはずです。跡を継ぐ子供の立場になるとそう簡単には考えられません。

父親とともに苦労をしてきた経営幹部や古参社員がたくさんいる会社であればなおのこと、後継者である子供にとって、彼らとどのような人間関係を築くかが重要になり、ややともすると大きな心労の原因になります。

したがって、できるだけ経営幹部や古参社員に子供がスムーズに受け入れられるよう配慮してや

ることがとても大切です。これは、決して子供を甘やかそうということでなく、それほど彼らとの人間関係構築が容易なものでなく、とても難しいのだということです。

素直で優しい息子の心労

あるデザイン会社A社の話です。同社は、創業50年を超える社歴を持ち、小規模（社員数15名）ながら優良取引先数社を抱え、安定した業績を上げています。現社長は、創業者の弟で75歳になります。

後継者には、長男がいたのですが、事業で多額の負債を抱えたため、社外に放り出されています。そのため、次男が次の後継者と目されています。現社長、長らく先代の下で専務職に就いていました。現在の社員のほとんどが、先代の下で一緒に働いていました。その当時の専務の綽名が、「何も専務」だといいますから、彼らと現社長との今の人間関係が想像されます。互いに上手く気持ちが切り替えられず、現在に至っています。

次男は、営業部長として、社長と社員たちの間に立って孤軍奮闘していました。彼は、小さい頃から人懐こく、優しくて、気配りができる男の子でした。現在もとても繊細なところがあり、特に父親と社員との人間関係が上手くいくようにと気を使う毎日でした。

それに対し、父親である社長は、プライドが人一倍高く、人の言うことを全く聞きません。会議では、社員を他の社員の前で平気で叱りつけてしまいます。そのような社長の言動に、誰よりも次男が悩んでいました。

何度も社長に言動に注意してくれるように話すのですが、聞く耳を持ちません。そんな状態が何年か続いた揚句、次男がうつ病を患ってしまいました。現在は、休職を余儀なくされ、自宅療養中とのことです。

父親である現社長と社員との人間関係は、いい悪いは別にして、それなりに長年の時間をかけた関係性であり、ある意味バランスがとれているといえます。そこに新たに後継者としての意識を持った子供が加わるのですから、関係性に変化が生じます。

子供が後継者としての立場をつくることは、決して簡単なことではありません。そのことに父親である経営者が少し留意をして、後継者である子供と社員との関係性を見て欲しいのです。

11　取引先に息子の悪口を言っちゃダメでしょ

取引先にとって経営交代はリスク

仕入先、売り先などの取引先にとって、次の経営者となる後継者がどのような人物であるのかが気になります。また、後継者の人間性や仕事における様々な能力がどうなのかなどが、重要な関心事です。

彼らにとって取引先の経営交代は、リスク以外の何ものでもありません。現状が上手くいっているのならなおさら、経営交代は彼らにとって決して好ましいことではないのです。経営交代に対する彼らの不安感や不信感を払拭しておく必要があります。

したがって、事前に後継者が積極的に取引先と関係を深め、彼らの信頼と信用を得ることができるのであればこの上ない話です。経営者である父親が、これらのことを認識し、後継者の社内でのポジションを考慮することが必要です。

中には出会う人誰かれなく息子の悪口を言う経営者に出会うことがあります。おそらく取引先や金融機関の担当者にまで同じように息子の悪口を言っているのだろうなと思われることがあります。息子の将来、会社の将来を考えると何とも気の毒な話です。

B社の親父

筆者のかつての取引先の地方の小さな建設会社B社の話です。親父とB社の社長とは、とても親しくしており、ゴルフ仲間であり、遊び仲間の1人でした。筆者も、親父に連れられ、B社の社長とは、お茶を飲んだり、ときにはゴルフに付き合わされたりしていました。

Ｂ社の社長は、親父と筆者にはいつも息子さんの話をするのですが、それが決まって愚痴と不満ばかりでした。最後には、どうしても悪口としか思えないような話をしていました。筆者は、息子さんをよく知っていましたので、父親が言うような悪い人間だとは思っておらず、軽くいつものことと聞き流していたものです。

しかし、筆者と親父とＢ社長、そして両社のメインバンクの支店長と連れ立ってゴルフをしたときのことでした。まさかとは思っていたのですが、いつもと同じようにみんなの前で息子さんの悪口を言い始めました。親父は、さすがにこれはいかんと思ったのでしょう、話題をすぐに逸らしていました。

おそらく、当時、Ｂ社長は、誰彼なしに息子さんの悪口を言っていたのだと思われます。息子さんは、私よりも年上で、会社では専務として父親に代わって実務を取り仕切っていました。筆者から見れば、何も問題がなくいい専務だと思っていました。メインバンクの支店長も優れた方だったので聞き流してくれたものと思いましたが、いろんな取引先がありいろんな担当者がいるのですから本当に困ったものでした。

筆者の場合

かつて、筆者が、父親の経営する建設資材販売商社の後継者であった頃のことです。大学を卒業し、父親の会社に入社した筆者は、１日も早く父親に代わって経営者になろうと考えていました。

筆者は、父親が40歳のときの子供でしたので、入社したときには父親は64歳になっていました。自分では、父親が70歳になったら経営を代わってもらおうと、１人心に決めていました。

そう考えると、あと６年の間に経営者となるべく準備をしなければなりません。まず、何から始めていくべきなのか１人悩んで出した答えが、社員の信頼を得ることでした。社員の信頼を得るにはどうしたらいいのかと次に考えました。

そうして出た答えが、取引先の信頼を得ることで、社員の見る眼を変え、社内での立場を築くことができるのではということでした。次の日から、営業マンの１人として動き始めました。

取引先の中でも顧客である売り先、売り先の中でも社員にとって最も難しく、しかも最も企業規模が大きいところを担当しました。相手先経営者にとっては、必要な取引先の後継者が営業に来たということでもあったのでしょうが、とても可愛がっていただき、大きく取引を伸ばさせてもらいました。

気をよくした筆者は、次に難しいけれど大事な取引先をいくつか担当していきました。それによって、社員の信頼を得たかどうかはわかりませんが、筆者自身が大きな自信を得ることができました。当時、それは、何よりも大きなことでした。

父親は、筆者が入社後、何の指示もしませんでした。どの部署で何をしろといったことは一切言いませんでした。仕方なく、社内でのポジションを自分で考え、自分の立場を自分でつくっていきました。

大きな会社であれば、後継者の育成はそれなりのプログラムがあるのでしょうが、中小企業の場合、経営者である父親が考える必要があります。子供の人となりや性格、能力などを考慮しながら一段一段ステップを上げていくようじっくりと育てていただきたいところです。

12　身内、親族社員を甘やかしちゃダメでしょ

中小企業は身内だらけ

父親である現経営者にとって、身内や親族の役員、社員の存在は大いに役立つ存在であり、とても心強く頼りになる存在であったことでしょう。しかし、後継者にとっては、彼らの存在が同じようであるのかということが難しい問題になります。

筆者が親父の経営する建設資材販売会社に入社したとき、従兄が２人と姉婿の計３人が社員として働いていました。当時、全社員が20人くらいでしたから、身内、親族社員の比率としては他の会社も同じくらいのものでしょう。

親父は、もともと地元の人間ではなかったこともあり、社員を雇う際、自分の身内、親族から人を入れておきたかったのではと思います。また、親父の兄妹から頼まれたこともあったのでしょう、結果として自分が信用できる社員として雇用していました。

筆者が入社したときには、それぞれが営業、配送、製造の部門の責任者をしていました。しばらく見ていると、段々他の社員たちと彼らとの人間関係などが見えてくるようになりました。

親父と彼らは、叔父甥の間柄であり、娘婿という関係です。親父からすれば、可愛いと思えたのでしょうし、また頼りにしていたのだと思います。しかし、私から見ていると、互いに甘やかし、甘えるところが少しずつ目につくようになりました。

彼らの下で働いている他の社員たちが、彼らをどう見ているのかということがとても気がかりでした。3人とも、性格にむらがあるというか、安定感がないというか、決して上手く人の上に立てるようではありませんでした。身内だからという身びいきの人事だとしか思えませんでした。

後継者である筆者からすれば、身内、親族社員より、他の社員たちのことが気になっていました。人間性や実力、能力などを冷静に見ていると、身内より優れた社員が少なからずいるのにおかしいことだと感じていました。彼ら優秀な社員のやる気をなくさせないようにしなければ、将来会社が大変なことになると思っていました。

それから筆者と親父の親子喧嘩が時折起こることになりました。原因の多くが、身内社員の言動についてでした。彼らの部下への接し方が気になったり、取引先とのかかわり方が気になったりしていました。その頃の筆者のストレスの大半は、身内、親族社員たちとの人間関係にあったのはいうまでもありません。

父親と身内、親族社員との関係性は後継者には別物

現経営者の片腕、番頭として勤めてきた身内、親族が、次の世代の後継者にとってよき理解者であり協力者であり続けることができるのかどうか、父親である現経営者は、それを見極めてやらねばなりません。

創業経営者が会社を立ち上げるとき、自分の兄弟、叔父、従姉妹、甥、姪などの身内、親族に手伝ってもらうということがよくあります。そして、彼らと苦労を共に重ね、事業を大きく発展させてきたという企業が多くあります。

時が経ち、経営者の長男が大きくなり、やがて父親の会社に入ってきます。それまで父親である経営者と身内、親族の役員、社員との関係は、よい悪いは別にして、ある意味バランスが取れた関係です。

経営者とその兄弟、経営者とその叔父、経営者とその従兄弟、経営者とその甥・姪というそれぞれシンプルな関係に、新たに後継者と父親の兄弟、後継者と父親の叔父、後継者と父親の従兄弟、後継者と父親の甥・姪という関係が加わることになります。

当然のことですが、父親である経営者と彼の身内、親族の役員、社員の関係性と後継者と彼ら身内、親族の役員、社員との関係性は全く違うものです。父親である経営者は、ついこのことを忘れてしまいます。

自分が彼らと上手くいっているから、子供である後継者も同じように彼らと上手くやっていくだろうと考えてしまいます。自分と彼らの関係性がそのまま後継者と彼らに引き継がれるものと安易に思ってしまうようです。

「甘え」の構造

関係性が変わるということは、他のすべての役員、社員にもいえることです。ただし、一般社員、役員と違うのは、身内、親族という特殊な関係が影響しているということです。昔から、「身内、親族はいいときはすごくいいけれど、いったん上手くいかなくなるとこれほど厄介なものはない」とよく言われています。

身内、親族というのは、親密で頼りになる存在であると同時に、親しいが故に「甘え」を互いに生じる関係でもあります。会社経営において最も厄介なのが、この「甘え」なのです。

知らず知らずの間に経営者も彼ら身内、親族に「甘え」が生じます。また、それ以上に、彼ら身内、親族の役員、社員に「甘え」が生まれます。これが社内の規律や雰囲気を乱すことになります。

身内、親族の役員、社員の処遇をどうするかということは、とてもデリケートで難しい話ですが、どうしても避けて通ることができない大切な問題です。父親である経営者は、後継者の時代に役立つ人材であるかどうか見極め、その処遇を決定してやらねばなりません。

13　古参社員に親父が阿《おもね》ちゃダメでしょ

古参社員は１つ違えば抵抗勢力

企業には、父親である現経営者に雇われ、父親とともに苦労を重ねてきた多くの古参社員がいます。彼らは、現経営者との関係をもとにして日々の業務を行ってきました。現経営者と1人ひとりの古参社員との関係・関係性は、それぞれ種々多様なものです。

現経営者にとって大切な右腕、番頭のような存在である古参社員、こと営業に関しては誰にも負けない古参社員、技術屋、職人として素晴らしい仕事をする古参社員、経理をやらせては誰よりも信用信頼できる古参社員、社員のリーダー的存在であり、いい意味でムードメーカーである古参社員がいます。

一方で、いつも不平不満を口にする古参社員、周りに気配りがなく自己中心的で自分勝手な古参社員、声が必要以上に大きく威圧的で親分気取りの古参社員、周囲を巻き込み社員に一定の影響力がある古参社員、いつも否定から話を始め人のやる気を失くさせる古参社員、社長にわざと口答えし弱い者いじめをする古参社員がいます。

企業には現経営者が心から信用信頼ができる古参社員がいると同時に、日頃からなにかと気に障り問題が多い古参社員がいるものです。現経営者である父親はどちらの古参社員とも相対な関係を構築し種々様々な関係性を持っています。

後継者と古参社員の関係性に留意

ここで1つ気になるのが、子どもである後継者と彼ら古参社員との関係についてです。父親である現経営者にとって大切な存在である古参社員が、すべて後継者にとっても同じように必要で有用な存在となるのだろうかということが気に掛かります。

それ以上の気掛かりが、現経営者がその扱いに頭を悩ませている問題が多い古参社員の存在についてです。父親である現経営者にとって強力な抵抗勢力であった彼らを、そのまま後継者の時代に引き継いでしまっていいのかということです。

後継者という立場は、とても微妙で繊細なところがあります。父親が築いてきた会社を継ぐということは、父親が築いてきた人間関係をも引き継ぐことになります。後継者にとって、実は、これが非常に大きなストレスになります。

父親の番頭、片腕であった古参社員を後継者が同じように扱うのがいいのかどうか、父親にとって抵抗勢力であった扱いにくい古参社員に後継者がどう向き合えばいいのかといったことが、後継者にとってはとても重要なことです。

後継者が、時間をかけてすべての社員との人間関係を新たにつくっていくことは当然のことです。しかしながら、後継者を甘やかすわけではありませんが、後継者と古参社員の双方をよく知る父親である現経営者が、あらかじめ古参社員の処遇を考慮しておくことが必要かもしれません。

後継者の時代にどうしてもいて欲しい古参社員、後継者の時代にこそ必要な古参社員がいる一方、後継者の時代にはどうしてもいて欲しくない古参社員がいるものです。その見極めは、後継者自身がするよりも、現経営者である父親がやることのほうが合理的、かつ実践的なことです。

社長が社員に媚びてどうする

経営者がよく口にする言葉に、「あいつがいなきゃダメなんだ」というのがあります。筆者の親父も時たま言っていました。

古参社員の中で、仕事はできるが何かと不平不満を多く言う社員がいました。確かに、声が大きいせいか、リーダー然としていました。しかし、反面、威圧的で親分気取りであったのです。筆者に言わせれば、彼こそ抵抗勢力そのものでした。ややもすると、そんな古参社員に親父が阿るように接していました。特別扱いというか、依怙贔屓とも取れる態度が、筆者には気になっていました。

他の社員がそれをどういう気持ちで見ているのだろうかと筆者には気がかりでした。筆者が親父に代わって経営者となったとき、真っ先に心がけたのが彼との正面からの対峙でした。

中小企業は、人材が集まり難い上、離職率が高かったりします。そうすると、経営者がどうしても社員に甘くなるきらいがあります。それが過ぎると、社員に媚び、阿ってしまうことになります。古参社員に社長が阿ちゃダメでしょ。

14 行き当たりばったり無計画に経営交代しちゃダメでしょ

「お家騒動」の芽

経営者である父親は、自らの出処進退を自ら決めねばなりません。後継者となる子供がいる場合、計画的に経営交代の準備をすることが大切です。Xデー―となる日を決めたら、その日に向かって、後継者の育成を含め総合的な事業承継計画を立案し進めることが重要です。

ここのスタートを間違えると、後々禍根を残すことになります。今ある多くのお家騒動の原因を辿ってみると、まさにここに行き着きます。

ここで大事なことは２つです。１つは、経営者である父親が自らの出処進退を自らが決めるということ、そして決定事項に責任と覚悟を持つということです。

もう1つは、後継者への経営交代を計画的に進めるということです。

これまで述べてきた身内親族の役員、社員、そして古参社員などの処遇などを含め、後継者のスタッフとなる人材の選択、確保などを配慮し、総合的に事業承継計画を進めるということです。

ロッテ兄弟で骨肉の争い

序章で取り上げたロッテの「お家騒動」について、ここでもう1度登場いただきます。

２００５年の1月8日、ロッテホールディングスの臨時株主総会が開かれ、後継者の有力候補と思われていた長男浩之氏が副会長を解任されました。それに伴い他の関連会社の役職も解任され、事実上次男の昭夫氏が後継者となっていました。

ところが、7月27日に、日本のロッテホールディング本部へ重光武雄会長と解任された長男浩之氏が突然現れ、次男昭夫氏の解任を発表しました。

翌日28日には、次男昭夫氏が、父親と長男がしたことには法的効力がないとして、逆に父親の武雄会長を代表権のない名誉会長とする決議をしたと発表しました。

事態は、当初、父親による長男の追放で終わったかに思われていましたが、ここにきて互いに高齢の父親を抱き込んでの兄弟の骨肉の争いの様相を呈してきました。

父親の出処進退は重要事

このような話は、ロッテのような大企業に限らず、オーナー企業ではよく起きることです。原因の多くは、経営者である父親にあります。息子たちの優劣、出来、不出来などは、二の次の問題です。

ロッテの場合、長男、次男のどちらを後継者とするのかを決断決定することなく、会長である父親が高齢になるまで代表権を握り続けたことが一番大きな問題だと言えます。会長である父親が、自分の出処進退を決めきれずにいたことがお家騒動を招いたのです。

もっと早い段階でどちらかを後継者に決定し、自分は代表権のない会長に引いていれば、このような事態は避けられました。

経営者は、自分が創った会社が大きければ大きいほど、社会的責任が重大であることを自覚せねばなりません。自分の後継者を指名し時間をかけて育てあげ、自分の出処進退を明らかにすることが、最後の大仕事になります。

第2章　息子がこんなじゃダメでしょ

1　親父の面子と誇りを平気で傷つけちゃダメでしょ

「拙速」の戒め

後継者が父親の後を継いで経営者になったとき、最も気をつけねばならないことからお話しします。このことが最も重要であると同時に、最も多く現実に起こっていることで、現にたくさんの「お家騒動」といわれる企業不祥事の直接的な原因にもなっています。

後継者が新たに経営者となったとき、あれもしなければ、これもしなければと心が逸るものです。長年父親の下で後継者として経験を積み、満を持しての登板ともなれば、1日でも早く経営者として腕を振るいたいと思うのは当然のことです。

また、父親が高齢になったため、急きょ後継ぎとして経営者にならざるを得なかったとか、父親が亡くなったので、仕方なく後を継ぐことになったなどの場合でも、1日でも早く経営者として会社をコントロールしなければと思うものです。

それらのときに気をつけなければならないのが、「拙速」にそれまでの何かを変えようとしないということです。同じように、「拙速」に何か新しいことを始めようとしないということです。

大塚家具長女の場合

大塚家具の「お家騒動」の一因が、まさにここにあります。父親である前会長にもいくつかの原因をつくった責任がありますが、ここでは娘である現社長の責任についてお話します。

父親側の事情と思惑は別にして、父親から急きょ後継として社長に就いた娘さんがまずしたことは、父親がしてきたことの全否定からでした。

父親には、地方の家具店から現在の企業規模にするに当たり、成長のビジネスモデルがありました。大型店舗で高級家具を会員制で販売するという、それまでになかった独特のスタイルで売上をどんどん伸ばしてきました。しかしながら、消費の低迷が、ご他聞に漏れず、大塚家具にも影響を与えます。

それまでの成長路線が描けず、売上が頭を打ちます。そのようなときの経営交代ですので、新たに経営者となった娘さんが、あの手この手と手を打とうとすること自体は非難することはできません。ただ、惜しむらくは、経営改革を行うに当たり、父親である前会長への心遣いが足りなかったのではと思われます。察するに、相談をするとか、助言を仰ぐとかが、なかったのではと考えます。

その後の大塚家具

確かに、競合各社の動きや消費動向の変化などがあり、かつてのビジネスモデルでは会社を維持できないとの判断があってのことだと思うのですが、父親の心情の把握と配慮が欠けていたことは否めません。

その後、最新の情報では、大塚家具の2016年12月期の業績予想が15億円強の営業赤字であると公表されています。

大型店舗に限らず、店舗ビジネスが1度客足を落とすと、並大抵のことでは客足が戻ることがありません。長女が父親のビジネスモデルから大幅に転換したことが駄目だということではなく、もともと父親がしてきた高級家具を会員制でなおかつ大型店舗で売るというビジネスモデルそのものが、壊れ始めていたとみるべきかと思います。

父親と長男が匠大塚という新会社を設立しました。おそらく父親は、自分のビジネスモデルの限界が見えていたはずです。改革改善を施した上で、新たにスタートするつもりのようです。父親が自社株を売却した資金で新会社を始めた傍らで、長女が結果として負の遺産を引き継いだことにならなければいいのにと願うところです。

父親への配慮は不可欠

論語から一節に、「子曰く、父在《いま》せば其《そ》の志を観、父没すれば其の行を観る。三年父の道を改むる無くんば、孝と謂うべし」と。「父親が存命中は、父親のやり方、考え方をじっくりと見させてもらい、父親が亡くなれば、父親がしてきた事績をじっくり振り返る。３年間は父親がしてきたことは改めない。それが父親を敬うということになる」となります。

当時は、服喪3年といいますから、満2年ということになります。今の時代に、なおかつビジネスの世界でというと、そんな悠長なことは言っておられません。しかし、「拙速」を戒めるということでは、今の時代にも通じる話かと思います。

譲った父親の面子や誇りに配慮がなければ、父親が感情を害します。また、父親の下で仕事を共にしてきた古参社員の賛同がなければ、いたずらに反対勢力を自らつくることにもなります。

2年とは言いませんが、半年か1年は、新経営者としてじっくりと社内、社外環境を観察してから、父親の理解を得ながら社内改革や新規事業に着手すべきと考えます。そして、やり始めたなら果敢に実行するのみです。

2　誰にも「いい社長だ」と言われたいはダメでしょ

人に阿《おもね》ちゃダメ

とかく人は、誰しも己の評判が気になるものです。後継者も、ご他聞に漏れず、自分の評判が気になります。社内の評判、取引先の評判、そして世間の評判がとても気になります。自分がどのように人々から評価されているのかが大変気になります。

論語の一節に、「己を知る莫《な》きを患えず、知らるべきを為すを求むるなり」とあります。「世間の人が自分のことを理解してくれないのを思い煩うより、世間の人たちにどうすれば認めてもらえるのかを追い求めることが先である」となるのでしょうか。

後継者が父親に代わり経営者になったとき、周りの人たちが自分をどのように見ているのかがとても気になります。特に社員の目が気になります。父親が経営者であったことに慣れ親しんできた社員たちが、自分をどう見ているのだろうと意識します。

ここで気をつけねばならないのが、「阿《おもね》る」ということです。社員にいいように思われたい、しっかりした経営者だと思われたいが故のパフォーマンスをしてしまうことです。

よくあるのが、社長になったばかりなのに、社内改革の一環として社員の待遇改善から始めたり、取引先との取引条件を見直したりしてしまいます。中には、金融機関にもいい顔をしたいがため、預金や定期を増やしたりします。

いずれも、後々後悔をすることになるのですが、少しでも自分の評価を上げ、いい評判を得たいと思うが故の結果です。ただ、周りから「いい社長だ」と言われたい一心でやるのですから、賢明な経営判断とはいえません。

筆者の恥ずかしいパフォーマンス

もう何度か記したように、筆者は親父から30歳で経営を引き継ぎました。ご他聞に漏れず、必要以上のパフォーマンスをしていました。己の評判が、絶えずとても気になっていたのです。

当時、地域の業界だけでなく、他の業界を入れても、30歳で父親から経営交代したという例がありませんでした。それゆえ、余計に、自分が他の会社からも大変注目されていると思っていました。また、当時、地元の青年会議所メンバーでもありましたから、他のメンバーへも多く意識をしていました。

それこそ自分が先駆として、地域の企業の経営交代を促進していくのだとまで意識していました。そのためにも、自分が、結果と成果を出さねばと初めから意気込んでいました。今思い出すと、若気の至りであり、赤面の思いです。

いくつか必要のないパフォーマンスをしました。まず、身内親族社員に対して、彼ら３人それぞれに家を持たせることにしました。住宅ローンの1部を出すから家を持てとすすめました。もちろん、住宅会社を紹介し、銀行にローンを組ませ、保証までしました。

そうすることで、彼らの信頼を得ようとしたのです。筆者のほうが、親父よりもっと彼らのことを親身に考えているのだと思わせたかったのです。また、彼らに恩義を感じさせようとしたのです。誠に安易で下手な小細工をしたものだとあきれます。

もう1つは、他の社員たちに対してです。給与の体系を見直しました。具体的には、それまで基本給を安く抑え、手当で補充するかたちであったものを、基本給を上げることにしました。それにより、自動的にボーナスも上げていったわけです。

これもまた、社員たち全員の歓心を買うためであったことは否めません。会長よりも若社長のほうが話のわかるいいトップだと言ってもらいたい一心でした。これもまた今思い出すと恥ずかしい限りです。

まずは己に力をつける

さらに論語の一節には、「人の己を知らざることを患《うれ》えず、己の能なきを患う」とあります。「周りの人たちが自分のことを理解してくれないと思い煩うのでなく、自分自身に実力が未だないことを認識しよう」とでもいえましょうか。

経営者になったばかりで初めからすべてのことを満足にできるはずがありません。謙虚に1つずつ経験を積み重ねていくほかありません。焦らず、じっくりと経営者としてのスタートを切るべきです。拙速に事を始めようとしたり、何かを変えようとかは、厳に慎むべきところです。

最後にもう1つ、論語の一節には、「人の己を知らざることを患えず、人を知らざることを患う」とあります。「自分のほうが周りの人たちのことを何にもわかっていないと知るべきだ」となります。

誰しも、新しく経営者となれば、自意識が過剰になります。周りのみんなが、自分1人に注目していると思います。世間というのを必要以上に意識してしまいます。いずれ時が経てばわかることですが、世間の人々がみんな自分を見ていると思ってしまいます。

新しく経営者となった者が、周りの人たちに1日も早く自分のことをわかってもらおうとするのではなく、自分のほうが周りの人たちを少しでも早く、1人でも多く理解したいと思い行動することが大切なことだと思われます。

3　何事も上手くいかないのは他人のせいはダメでしょ

すべては自分以外の誰かのせい

後継者である息子が、父親の後を継いだ途端、父親への批判をところ構わず、誰彼構わず言うことがあります。営業会議や役員会議ではもちろんのこと、普段の社員との話の中でも、常に先代社長の悪口を言う後継者がいます。

挙句に、社内のみならず取引先にまで、先代社長がしてきたことを平気で批判します。業績が芳しくないことから、役員や社員の不出来にいたるまで、すべてが先代社長のせいだと公言して憚りません。

その次にその後継者が言うことは決まっています。現状に問題があるのは父親が育てた役員たちのせいだと言います。そして、業績がよくないのは先代社長のもとで甘やかされた社員たちのせいだと言います。

そこで終わればいいのですが、業績不振は客である取引先が悪いのだと言い出す始末です。会社の金回りが悪いのは金融機関が融資を渋るから悪いのだと言って平気な顔をしています。

見事な責任回避

論語の一節には、「子の曰く、君子は諸《これ》を己に求む。小人は諸を人に求む」とあります。「君子は何事も責任は自分にあると考える。つまらぬ人は何事も他人に責任があると考える」となりましょうか。

世の中には実にこのつまらぬ人が多いもので、経営者ばかりでなく、わが国の高級官僚といわれる人たちの立居振舞いも目に障ります。

官僚の国会答弁などまさにこの典型であり、何事も己たちのせいでなく、誰かのせいで済ませています。

潔く己の責任を明確にし、出処進退を鮮やかにできる官僚など、久しくお目に掛かったことがありません。のらりくらりとあやふやな答弁を繰り返し、責任逃れに終始する姿を国民に見せて、恥ずかしくも何ともないのかと訝るばかりです。

さらに論語の一節には、「子曰く、躬《み》自ら厚くして、薄く人を責むれば、則ち怨に遠ざかる」とあります。「われとわが身を深く反省し、責任を一身に受け、他人の責任を多く問うことがなければ、世間から恨まれたり恨んだりすることがなくなるものだ」とでもいえるでしょうか。

部下に責任押しつけは最悪

横浜のマンション傾斜問題での旭建材社長のインタビューでの発言には、とても驚かされました。杭打ち工事でのデータの転用使用を認めたことはよかったのですが、その責任をすべて現場責任者１人に押しつけたと思える発言はいただけませんでした。

終始、社長自らの責任には触れることなく、社内の１人の人間、そしてベテランチームにすべての責任があると公言して憚らなかったあの社長の発言は、世間の多くの人たちから顰蹙を買い、社内からは不信と怨嗟の念があがったに違いありません。

経営者が自らの責任に触れることなく、何事もすべて他人の責任とするなど、考えられないことです。不祥事はすべて誰かのせいであり、成功事はすべて自分の手柄だと、片腹痛いとしか言えません。

昨今の企業不祥事を見る度に浅ましい思いがします。己の保身が一番の関心事であり、企業価値を平気で下げる経営者が多いのに辟易せずにいられません。彼らがこれまで何を学んできたのかと不思議に思うばかりです。

4　目先の損得で動いちゃダメでしょ

人物的に信頼されない後継者

経営者たる者、他人から信頼され信用されることが第一義です。この当たり前のことをわかっていない後継者に出会うと、残念であり、心配になります。いわゆる頭がいい後継者ほど、これに気づいていないことがあります。

父親に代わり立派に経営をしている後継者すべてが、社員や周りの人たちから信頼され、信用されているのかというと、一概にそうは言えません。中には、経営手腕は買うけれど、人間的にどうも信頼、信用できないと言われる後継者がいるものです。

では、社員や周りの人たちは、後継者の何を見て、後継者のどこを見て、信頼、信用できる、できないと言っているのでしょうか。それは、彼らが、後継者の普段の言動を間近で見ての判断の結果であるとしかいえません。

信義に悖《もと》る

論語の一節には、「子曰く、君子は義に喩《さと》り、小人は利に喩る」とあります。「できた人物は、社会正義を重んじ、つまらぬ輩は、損得を優先する」となります。

昨今、よくある企業不祥事の数々、例えば、建設現場における安全より利益を優先したがための手抜き工事、少しでも商品を高く売りたいがための食品の産地偽装など、不正行為を会社が常態として行っているとしたなら、その企業で働く社員の心情は如何なものでしょう。

彼らが、自社の経営者を信頼、信用できるとはとても思えません。いくら会社が利益を上げ、社員の待遇がよいとしても、このような不正行為を社員に悪気もなく強いるとしたなら、その経営者は信義に悖るといわざるを得ないでしょう。

正義という価値観

論語の一節には、「子曰く、君子、義以て質と為し、礼以て之を行い、孫以て之を出し、信以て之を成す。君子なる哉」とあります。「よくできた人物は、社会正義を己の本分として、礼節をもって社会正義を行い、辞を低くしながら社会正義を口にし、誠心誠意をもって社会正義を貫く。誠にたいしたものだ」となりましょうか。

人それぞれ価値観には違いがあるものです。また、価値観には、いろいろなものがあります。社会観、人間観、人生観、幸福観、仕事観、労働観、恋愛観、経営観など、本当にいろんな価値観があるものです。

中でも、人間として、どうしても譲れない最も重要な価値観というのがあります。それは、「正義観」という価値観に他なりません。ここでいうのは、一般に使われる正義感という言葉ではなく、価値観としての「正義観」です。

世の中の善悪の判断が曖昧であり、渾然一体としたものであることは否定いたしません。また、善悪が表裏一体であり、善が悪であり悪が善であることもまた承知の上で話しています。

この世の中がそのような曖昧模糊とした世界であるからこそ、私たちは自分の立ち位置を確たるものとするため、右往左往することなく、自分の進む道を選択するため、己の本分としての価値観を持つ必要があります。

その他のいろいろな価値観は、人それぞれで違って当然のことですし、互いに違いを認め合うことも必要なことです。ただ、ここでいう「正義観」という価値観だけは、人として不偏であって欲しいと思うところです。

企業の経営者、後継者が、人として「正義」を己の本分として経営活動を行うならば、社員や周りの人たちの共感と感動を得、取引先や顧客から信頼と信用を得ることは間違いのないことと確信します。

5　社員に厳しく自分に甘いはダメでしょ

リーダーの姿勢

後継者が父親の会社に入ってまず悩むことは、社員、中でも古くからいる古参社員との人間関係です。どのようなスタンスで関係性を構築すべきか、大いに悩むところです。

また、その後、後継者がリーダーとなり、やがて父親に代わり経営者となったとき、どう役員、社員と向き合うか、どのような姿勢で、彼らとの関係性がどうあればいいのかが、最も難しく思われます。

筆者自身、かつて事業経営者であり、子会社を含め約１００人の社員を有するグループ会社を経営していました。今思い返すと、経営者としてのあり方、リーダーとしての立ち方に甘さがあったと言わざるを得ません。

筆者の経営に対する考えすべてが鷹揚であり、社員に対しても鷹揚な対応をしていました。できる限り、社員に対して、厳しいだけでなく、鷹揚であってやりたいと思いながら接していました。しかしながら、何よりも、自分に対して最も鷹揚であったことが、今更ながら反省しているところです。

何事にも鷹揚でおおざっぱはダメ

論語の一節には、「仲弓、子桑伯子《しそうはくし》を問う。子曰く、可なり、簡《かん》なり。仲弓曰く、敬に居て簡を行い、以て其の民に臨《のぞ》まば、亦可ならずや。簡に居て簡を行うは、乃ち大簡なること無からんや。子曰く、雍《よう》の言然り」とあります。「仲弓という弟子が孔子に子桑伯子という政治家の人物像を尋ねました。孔子は、彼は可もなく不可もなくといったところで、何事にもゆったりとして鷹揚な人物だねと言いました。それに対し仲弓は、子桑伯子自身が慎ましく控えめであって他人と接するに鷹揚であるなら結構ですが、彼自身が鷹揚で大ざっぱでありながら、他人に対しても鷹揚で大まかであるというのはいかがなものでしょうと言いました。それに対し孔子は、仲弓お前の言うとおりだよ」といったところでしょうか。

言うならば、この子桑伯子という人物は、まさにかつての筆者と同じであったということであり、「いかがなものでしょう」といわれる範疇に入るということになります。

では、どのようなタイプの経営者が最も優れているのでしょうか。

経営者の４タイプ

まず、最下等である第4等から言いますと、経営者が自分に甘く、社員に厳しいというタイプです。このタイプの社長は、結構見かけますが、社員からすると最も嫌な経営者だといえます。この社長の下でだけは働きたくないというタイプです。

次に、第3等は、経営者が自分に甘く、社員にも甘いというものです。これが筆者のかつての姿です。経営者としては恥ずかしい限りです。自分自身に甘いものですから、社員に厳しいことが言えないのにもかかわらず、自分は社員に寛容、寛大な社長だと思い込んでいます。

そして第2等は、経営者が自分に厳しく、社員に厳しいというタイプです。このタイプの社長は、とてもまじめで、ストイックなほどに何事にも徹底しています。社員からすると少しは弛めるところがあって欲しいと思うところです。

最後に第1等ですが、経営者が自分に厳しく、社員に甘いというタイプです。甘いという言葉では語弊があるかもしれませんので、寛容、寛大ととらえてください。まさにこれは、社員からすれば理想の上司であり経営者だといえます。

後継者が父親に代わり社長となったとき、社員との関係性を考えるなら、どのタイプの経営者であるべきか自ずと答えが出ます。

後継者が己を厳しく律することからすべてが始まります。

6　人望、仁徳など他人事じゃダメでしょ

人の上に立たせてもらうということ

活躍している若い経営者や親の下で頑張っている後継者を見ていると、感心すると同時に本当に大丈夫なのかなと不安に思うときがあります。それは、彼らが、人の上に立つということの重大さに気がついているのかと不安に思うからに他なりません。

あまりにも、何か無造作に、無意識に、経営者として、後継者として、社員と接しているような気がします。人の上に立たせてもらうということは、そんなに簡単なことではないのではと、はらはらしながら彼らを見ることがあります。

筆者が、長年、事業経営者として過ごしてきた中で、最も難しいと思ってきたことがまさにこのことです。どうしたら人の上に上手く立つことができるのかということ、言い替えるなら、上手な立ち方とはいったいどのようなことかということでした。これは、リーダーとしての役割と責任の果たし方でもあります。

座り心地の悪い椅子

筆者は、30歳で、親父に代わって社長になると決めていましたので、入社2年目の26歳のとき、専務職に就きました。親父には、明日から専務になるよとだけ告げてのことでした。当時、筆者の会社の幹部職には、従兄弟の営業部長しかいませんでした。

翌早朝に出社し、それまで一番入口に近いところにあった自分の机を一番奥へ自分1人で運びました。社員が出社したときには、みんなの前に筆者の机がポツンと置かれた状況でした。

その後、しばらく、その机の座り心地の悪いことといったらありませんでした。こんなことなら前のままでよかったのにとまで思いました。それも今思えば当たり前のことです。入社3年目の息子といえども、26歳の若造が、きょうから専務だという態度でみんなの前に座るのですから…。

その頃は、1日1日必死の思いでした。1日も早く社員みんなに専務として認めてもらいたいとの思いでした。そのために何をしなければならないのか、それを自分で考え、実行していく日々でした。実力もないのに偉そうに机に座っている人を見ると、今でもああ可哀そうに座り心地が悪いだろうにと同情しています。

経営者になるという覚悟

起業してから、必要に応じて社員を雇用し始め、気がつくと多くの社員がいる会社に成長してきたといった若手経営者や、父親の跡をただ継いだ結果として、多くの社員を持つ会社の経営者になったといったようなケースがあります。

どちらの場合も、自分自身をリーダーだと認識しているのかという疑問が生じます。そして、彼らが、リーダーとしての役割を認識し、その責任を果たす覚悟ができているのかが問われています。

起業を果たし、経営者として自分のやりたい事業をやることだけが自分がしたいことであって、社員との複雑煩瑣な人間関係、労使関係などは自分がやるべき仕事じゃないと思っている若い経営者がいるものです。

また、父親の跡を継いで経営者になった後継者が、社員たちの父親に対する敬意や忠誠心といったものがそのまま自分にも向けられると本気で思っているとしか考えられないような言動に驚かされることがあります。

どちらの場合も、経営者の役割の一面、それも華々しい外向けのパフォーマンスや社内での権威や特権を行使するといった一面しか果たせていないのにもかかわらず、それが経営者なのだと勘違いしているのだとしか思えません。

どうすれば徳が備わるか

論語の一節には、「子張、仁を孔子に問う。孔子曰く、能《よ》く五つの者を天下に行うを仁と為す。

之を請《こ》い問う。曰く、恭・寛・信・敏・恵なり。恭なれば則ち侮られず、寛なれば則ち衆を得、信なれば則ち人任じ、敏なれば則ち功あり、恵なれば則ち以て人を使うに足る」とあります。「弟子の子張が人徳、人望について孔子に訊ねました。孔子が言うに、次の５つのことを実践することができれば、人徳、人望が得られるだろうと。それをもっと詳しくご説明ください。孔子が言う、恭しくあること、寛容であること、信頼できること、俊敏であること、そして思いやりがあることだ。何故なら、恭しければ誰からも侮られることがなく、寛容であれば人が慕い集まり、信頼ができれば信用され、俊敏であれば成果を上げられ、思いやりがあれば人を上手く生かすことができるからだ」というところです。

人の上に立とうとするなら、何よりも、まさに孔子が言う人徳、人望がなければなりません。小手先だけや上辺だけの仕儀、仕様では、何ともならないものです。日々、社員のたくさんの目が見ているのですから、どうしようもありません。

リーダーのポジションというのは、人徳、人望がなければとても座り心地が悪いものです。常にメンバーからその一挙手一投足を見られているのですから、いつも緊張を強いられることになります。

経営者、後継者が、自分には人徳、人望がないと思うのであれば、人の上に立とうとするのではなく、人の上に立たせていただくのだという謙虚な気持ちをまず持つことが第１歩に違いありません。

7　後ろを振り向けば誰もいないはダメでしょ

人材を意識して育てる

これまで多くの後継者に出会いました。そして、彼らが、父親の跡を継いで、経営者として活躍する姿を見てきました。そんな彼らに共通した問題が、もう1つあることに気づかされました。

それは、彼らには、人を育てるという意識が感じられないということです。後継者だということで、社内の重要なポジションを歴任する中で、自分の仕事をこなすだけで精一杯な状態できています。

彼らにとっては、後継者として経営者となるために、社内外での自分の立場をこしらえていくことが最も重要な関心事となります。後継者として1日も早く周りに認めてもらい、経営者としての実績を少しでも早く挙げていきたいと思うものです。

そんな彼らに、人を育てるという意識があるはずがありません。周りには父親が育てたベテラン社員たちがいて、彼らに教えてもらうこともたくさんあるのが現実ですからなおのことです。

しかしながら、後継者が経営者となって数年経つと、いろいろと社員のことが気になってきます。

特に業績が振るわなくなってきたりすると、社員たちの欠点ばかりが目立つように思われます。

また、社員の世代交代が否応なく進んでいきます。先代からのベテラン社員が定年退職を迎えていく中で、次の世代が育っていないことがだんだんと明らかになってきたりします。

その頃になって初めて、自分が社員を育ててきてなかったことに気がつきます。そう気がつく経営者ならまだいいのでしょうが、中には相変わらず社員の出来が悪いことが業績不振の原因だと言って憚らない経営者がいます。

人材育成の要諦は抜擢

ここで論語より一節。「子曰く、君子は人の美を成し、人の悪を成さず。小人は是に反す」とあります。「できた人は、他人の長所をよく褒めてやり、欠点は大目に見てやるものだ。つまらぬ人は、他人の欠点ばかりあげつらい、長所には無関心である」となります。

世の中には、結構、つまらぬ経営者がいるものです。社員のできないことばかりを言い募り、社員が上手くできたことについては何にも言わない経営者がたくさんいるものです。これでは育つものも育たないのが道理といえます。

では、いかにして人を育てればいいのでしょうか。

ここで論語からもう一節。「仲弓、季氏の宰《さい》と爲《な》りて、政を問う。子曰く、有司《ゆうし》を先にし、小過を赦《ゆる》し、賢才を挙《あ》げよ。曰く、焉《いず》んぞ賢才を知りて之を挙げん。曰く、爾《なんじ》の知る所を挙げよ。爾の知らざる所、人其《そ》れ諸《これ》を舎《す》てんや」とあります。「仲弓という弟子が季氏の地方長官に取り立てられたとき、上に立つ者の心得を孔子に聞いた。孔子は次のように言った。まず、人事が大切である。小さな過ちを問うことなく有能な人材を抜擢しなさい。どのようにして有能な人材を見つけ抜擢すればいいのでしょうかと仲弓が聞くと、これと思われる者を抜擢しなさい。そうすれば自然と周りの人々がこれという人材を推薦してくるだろう」となります。

孔子は、人材を育てるにはまず抜擢することだと言っています。会社であっても同じことです。まずは、これという社員を引き立てることです。そして、役割と責任を与えやらせてみることです。

思い切った抜擢は、社内にいい意味で緊張を与えます。大事なことは、抜擢した社員の小さな失敗を責めることなく、できていること、できたことを認めてやり、辛抱強く育て上げることです。

8　息子だから次期社長は俺だと無神経に言っちゃダメでしょ

筆者の塾生

筆者の経営塾の1人の生徒の話です。

彼は、大学を卒業して、父親が経営する会社のメイン取引先である飲料メーカーへ、3年間いわゆる丁稚奉公のため上京していました。その3年間、筆者の経営塾で社長になるための学びを続けてきました。本年、一念発起し、慶応ビジネススクールを受験し、見事合格して通い始めています。2年間でMBAを取得した後、父親の経営する会社へ帰る予定でいます。

彼は、父親を経営者としてとても尊敬しています。傍で3年間観てきましたが、心から父親に感謝し、懸命に期待に応えようとしているのがよくわかります。彼は、父親の経営する会社を本当に愛しています。畏敬の念すら持っています。そこで働く社員1人ひとりのことまで親身になって思いを寄せています。

彼は、今回の大学院受験に当たって、相当悩んでいました。当初、3年経ったら帰るという約束で取引先へお世話になったいきさつがあり、それを違えるということについて、父親へ申し訳ないという気持ちがありました。

もう1つは、父親の会社の社員のみんなに申し訳ないという気持ちがあったようです。社員たちにも、3年経ったら帰るという思いを伝えていたようで、それが何より気がかりであったようでした。

幸いなことに、父親は、大学院に進むことに理解を示してくれました。その上、父親の会社の社員のみなさんは、後継者が慶応ビジネススクールへ行くということを心から喜んで応援してくれたということでした。彼を迎える準備を父親はじめ役員、社員がしてくれていたことにとても感謝していました。

彼の一連の話を聞いて、とても感動しました。彼の父親が、経営者として本当に素晴らしいのだと改めて認識しました。そして、とても素晴らしい社員とともに、素晴らしい会社だと感激した次第です。

普通一般では、なかなかこのような話にはなりません。後継者である息子が、今どこで何をしているかなど、社員にとって何ら関心のないことでしょう。また、帰る予定を変更して大学院へ行ったなど、それこそ話題にすらなりません。

さらに、後継者の息子にしても、父親の会社へいつ帰ろうと、社員には何の関係もない話であり、報告するようなことでもないと思うでしょう。まして、次期社長は俺だと臆面もなく思っているし、態度にも出ることでしょう。

親子の関係性を変える

親子の関係を改善するには、子供より親が変わることのほうが関係性に変化を与えるのが早いのですが、なかなか難しいのが現実です。ただ、何度か触れましたが、関係性は当然相対のものですから、どちらからの変化でも、最終的には同じ結果を生じることになります。

したがって、長年経営をしてこられた頑固な父親より、素直な子供さんから変わってもらうことで、親子の関係性に変化を与えることをより期待しています。

最近、筆者の経営塾では、塾生と共に四書（大学・論語・孟子・中庸）を学んでいます。なぜ、今、四書なのかは、また書く機会を別にしますが、経営者となるに当たって、まず人間としてどうあるべきか、リーダーとしてどうあるべきかを共に考えています。

さて、論語の中に次の一節があります。「子遊、孝を問う。子の曰く、今の孝は是れ能《よ》く養うを謂う。犬馬に至るまで皆な能く養うこと有り。敬せずんば何を以て別たん」。

親孝行とは、ただ物質的、金銭的に養うというだけでなく、心から親を敬い尊敬しなければ本当の孝行とはいえないと言っています。

先日のある調査では、今の日本の若者にとって、親を養うという認識が他国の若者に比べてとても少ないのだといわれていました。その上、さらに親を敬い尊敬しなければ孝行といえないと言われると、とてもあり得ないと言われてしまいそうです。そういう筆者自身が親父を尊敬していたかと問われると、何とも言い難いところです。

感謝の気持ちを伝える

筆者の場合は、親父に感謝はしていました。育てていただいたこと、大学まで行かせていただいたこと、会社を継がせていただいたことなど、本当にありがたいと思っていました。その気持ちを親父に伝えたかといわれると、残念ながら言えずじまいでした。今も後悔があるとしたら唯一そのことでしょうか。

筆者が、7年前の春に事業に失敗したときのことです。当時、筆者の長男は、アメリカで大学4回生でした。あとわずかで卒業というときでした。幸い、彼の授業料は、先に送金しており、無事卒業することができました。

筆者がまだ失敗と挫折から立ち直れずにいたときでした。ある日、携帯にアメリカに住む長男から電話がありました。「お父さん、これまでいろいろとありがとう。大学も卒業させてくれてありがとう。俺は大丈夫やから何も心配しなくていいよ。これからお父さんは自分のことだけ考えて」と…。

それまで、筆者と息子は、あまり仲よくできていませんでした。多くは、筆者に問題がありました。知らず知らずの間に確執ができていました。しかし、息子からの電話で、そんなことのすべてがなくなってしまいました。変わったのは筆者でした。息子のおかげで筆者自身が大きく変わりました。それ以来、息子との関係性は大きく変化しました。

子供である後継者が、父親に感謝の気持ちを素直に伝えることができれば、こんな素晴らしいことはありません。親として、子供から育ててもらったことに、心からのお礼を言われたら、こんなに嬉しいことはありません。恥ずかしがらず、ぜひ1度言ってあげてください。

9　何ら覚悟もなく経営者になろうとしちゃダメでしょ

御曹司だからと社長になる

「何ら覚悟もなく経営者になっちゃダメでしょ」と考えていたら、一番先に頭に浮かんだのがやはり大王製紙の御曹司の話です。大王製紙の御曹司の不祥事は、誠におそまつでした。しかし、よくあるであろうことも事実です。

大王製紙のように、祖父から三代にわたり創業家がオーナーである企業はたくさんあります。それらの企業にいつ起きても不思議でないのがこの事件です。

大王製紙の御曹司は、上場企業の経営者の役割と責任など十分に承知していました。しかし、彼ら創業家にとっては、会社は自分たちのものなのです。誰が何と言おうが、祖父が創り、親父が大きくした彼らの家業でしかありません。１００億円ぐらい使って何が悪いと、心の底では今も思っているでしょう。また、彼の１００億円は、私たちの１００億円ではありません。もともと金銭感覚が違います。

この事件も、問題の本質は、経営者の資質にありました。経営者が自らを戒め、常に私生活から襟を正し、己を磨くことに留意していたなら、このような事件は起こりませんでした。なおかつ、経営者になる覚悟ができていたなら、こんな体たらくはなかったことでしょう。

後継者ですから、当たり前のこととして社長になりますが、経営者になる覚悟まではできていないということです。

後継者の2つの覚悟

後継者である子供が、父親の跡を継ぐと決めたときから、会社の後継者であることを常に意識し、仕事に従事しなければなりません。経営者になるという責任の大きさは、生半可なものではありません。その重圧とこれからずっと付き合うことになります。

後継者である子供には、2つの覚悟をしてもらわねばなりません。

まず1つは、経営を引き継ぐ覚悟です。当たり前の話ですが、父親の跡を継いで経営者として会社を経営するという覚悟をするということです。

社長になるということ、経営すべての責任を負うことです。たとえ父親が会長職でいたとしても、すべての責任は社長にあります。社長がすべてを判断し、決断します。社長が社内で唯一の決断者であり、決定者で、そして実行者となります。

会社の業務は、すべて社長の責任の下で行われます。すべての取引先との信頼関係にも社長として責任があります。特に、金融機関との付合いは社長の仕事です。会社の将来がどうあるのか等すべてが社長に掛かっています。

経営を引き継ぐことは、経営のすべてを引き継ぐことであって、決していいとこ取りはできません。これはいいけどあれはいやだとか、これはできるけどあれはできないなどとは、絶対に言えません。

もう1つは、経営者として生きる覚悟です。誰しも、生まれながらにして経営者としての資質に恵まれた人などいません。多くの経営者は、それぞれにいろんな苦労を重ね、たくさんの努力の末に今の経営者としての地位と立場を築いています。

経営者とは？　と考え続けることこそ経営者

父親もまた然りです。いろんなことがあって今の会社を創ってきました。決して簡単なことではなかったでしょう。後継者である子供に自信などあるはずがありません。これから少しずついろんな経験を積み上げていくしかありません。

経営者は、会社のオーナーであり、社員みんなのリーダーでもあります。会社の本来の所有者としての役割と責任、そして経営者としての役割と責任を果たさねばなりません。経営者の道は決して平坦なものではありません。

経営者は、確固とした信念と軸がなければなりません。日々いろんな経営判断をしなければなりませんが、自分なりの判断基準がないと決断することができません。その判断基準が信念であり、支えるのが確固とした軸になります。

そうした信念や確たる軸をどのようにして経営者は会得しているのでしょう。経営者としてあるべき姿とは、いかなるものでしょう。その人間観、人生観、幸福観、社会観、仕事観、経営観、家族観等はどのようなものでしょう。

経営者として生きるということは、これらの価値観にそれぞれ意味づけをしていくことだといえます。生涯かけて経営とは、経営者とはと考え続けることが経営者として生きるということかもしれません。

10　自分の立ち位置が定まらずオロオロしちゃダメでしょ

社員との距離感を考える

後継者としての経験がない人には、社員との距離感という言葉自体に違和感を抱くのかもしれれません。しかし、後継者にとっては、社員とのかかわり方というのがとても難しく思われる1つなのです。社員とどのような関係性を持つべきなのかといつも考えてしまいます。

後継者といえども、現場に入ってしまえば社員との距離感などと言っておれないのでは、また後継者と社員との距離感など考えず社員と一体となって仕事をするのが理想なのでは、などと思われるかもしれません。

筆者自身、かつて後継者のとき、そう思って現場に入ったものでした。みんなと同じ条件で同じ仕事をみんなと一緒にやらせてもらおうと思っていたものです。しかし、時間が経つにつれ、何か違うぞと思うようになりました。

後継者である筆者の目線や見方と、社員の目線や見方が微妙に違っていたりします。同じ業務をこなすのに、考え方、進め方、そして速さが違ったりします。同じ問題を対処するにも、考え方や方法が違ったりします。

自分の立ち位置

自分は、社員と一緒に同じように仕事をしたいと思っているのに、彼らとの間に僅かに違和感が生じています。その理由がわからず、とても悩んでいました。そんなあるときふと気がつきました。初めから、彼らと自分とは立ち位置が違うのだと…。

組織上のポジションや役職ということでなく、会社のオーナーであり、次の経営者であるという自分の立ち位置と、社員である彼らの立ち位置とでは、全く違うのだと気がついたのです。

当然のことですが、社員の方は、初めからその違いがわかっています。後継者である自分だけがそのことに気づいていなかったのです。彼らにすれば、自分たちは、自分たちに与えられた役割と責任を果たしているのだから、あなたは後継者としての役割とその責任を果たしてくれればいいということでしょう。

度量と包容力

論語には、「子曰く、君子は器ならず」とあります。要するに、「君子は、型にはまったものではなく、型にはまらない無限の大きさと可能性を持つものでなければならない」とでもいうことでしょうか。

会社やあらゆる組織において、それぞれの部署長や役員には、そのポジションに与えられた役割があります。それが今いうところの「器」です。そして、それに対し、経営者は、そのいわゆる「器」ではありません。また、そうであっては決してならないのです。「器」という型にはまっただけでは、経営者としての役割と責任が果たせません。型にはまらず、もっと広く大きく物事を捉え、大胆により創造的に行動することが望まれます。

人間として度量が大きく包容力がある経営者には、とても魅力があります。社員が後継者に求めているのは、自分たちと同じ仕事を上手にこなして欲しいということではありません。将来、後継者が立派な経営者となって、自分たちの会社を素晴らしい職場としてくれることが一番望まれていることです。

後継者が社員との距離感を感じるのは当たり前のことです。初めから互いの役割が違い、責任の大きさが違うのですから。

11　身内、古参社員に自ら阿《おもね》ちゃダメでしょ

「甘え」と「うぬぼれ」

身内、古参社員との人間関係が後継者のストレスの原因であることが多くあります。彼らの多くが、いわゆる抵抗勢力であることがしばしばあるからです。彼らと後継者がどう向き合うのかが問われるところです

身内社員には身内故の「甘え」が生じやすく、古参社員には長年の慣れにより唯我独尊ともいえる身勝手な「うぬぼれ」が生じています。

望ましいことは、父親の引退に合わせ、彼らの処遇を考えて実行しておくことですが、現実には

その多くが後継者の時代まで残っています。彼らの処遇に後継者が頭を悩ますことになります。

ここで重要なことは、決して彼らから逃げることなく、正面から1人ひとりと向き合うということです。とにかくよく聴いてみることです。そして、決して安易な妥協をすることなく、彼らの処遇を決定、決断、実行することです。

抵抗勢力との対峙

以前、筆者が30歳で社長になったとき、身内、親族社員と社員全員に対し待遇改善をしたと紹介しました。それは、ここでいう〝阿り〟であったと思います。ただ、しばらく時間が経つにつれ、彼らにとって筆者がしたことなど、こちらが思うほどのことではなかったのだと思うようになりました。

誰も感謝を口にするものの、ある意味当たり前のことだと思っているということに気づきました。経営者側は、ここまでしてやったのにと思うわけですが、社員側にすれば、仕事をしっかりしているのだから社員の待遇を考えるのは当然のことだというわけです。

その後、筆者は、時間をかけて、人材の配置を公正に適材適所にしていきました。身内、親族社員が占めていた部門長に、社員の中から本当にできる社員を抜擢していきました。結果として、筆者の右腕となったのは、すべて身内、親族社員以外の社員たちでした。

公正人事と適材適所

中国儒教の経典として、長年、日本でも親しまれていた四書のうち、「大学」からの一節です。「賢を見るも挙《あ》ぐる能《あた》わず、挙ぐるも先にする能わざるは、慢《おこた》るなり。不善を見るも退《しりぞ》くる能わず、退くるも遠ざくる能わざるは、過ちなり」。「優秀な人物なのに、それを認めながらも重要な地位、役職を与えることなく、また、よしんば雇い入れたとしても重く処遇することがなければ、それは使う側の怠慢である。人物的によくないと認めながらも、辞めさすことができず、辞めさせたとしてもその関係を断ち、遠ざけることができずにいるのは、使う側の過失である」ということでしょうか。

中小企業ではよくあることですが、身内社員や古参社員が、ただ身内だということ、ただ社長とともに長年やってきたということだけで、人望や能力がないにもかかわらず、役職についている例が多くあります。

逆に言うと、誰が見ても、とても優秀な社員であるにもかかわらず、いつまでたっても相応しいポジションにつけてもらえない社員が多くいるということです。後継者の役割の1つがこの不公平な人事を正すことになります。

組織は頭から腐る

論語からの一節。「子の曰く、直きを挙げて諸《こ》れをまがれるにおけば、能くまがれる者をして直からしめん」とあります。「その地位に相応しい人物をその職につけたなら、下の者は彼の影響を受けて正しく誠実になる」とでもいうことでしょうか。

これもまた、逆に言うなら、地位に相応しからざる者がつき、下の者たちが彼の影響を受け怠惰に慣れてしまうとでもいえましょうか。これも現実にいろんな組織の中で起こっていることでしょう。いずれにしても、各部署長の人選を間違うと大変なことになります。リーダーによってその部署が大きく変わります。社員を活かすも腐らせるも、部署長次第なのは言うまでもありません。

その部署長のポジションに、往々にして身内や古参社員がついていることが多いのがオーナー企業での現状です。オーナー経営者が、身内を重用し、ベテラン社員を優遇してきた結果でしょう。

後継者は自分の目で見、自分の体で感じたうえでこれらの人事に手を付けていかねばなりません。身内社員、古参社員の処遇を考えること、後継者が避けては通れない1つの関門です。

12　自らを言わず、社員教育だけを言っちゃダメでしょ

社員研修お断り

筆者が経営コンサルタントとして動き始めて最初の依頼が、ある会社の幹部研修と社員研修でし

た。残念ながら筆者の準備ができていなかったこともありますが、当初から経営者と後継者だけのコンサルティングをするつもりでしたのでお断りをしました。

当時、何の仕事もないのに断ったと妻からとても叱られたものです。ただ、筆者は、再起するに当たり、これまでの経営者としての経験をオーナー経営者と後継者に伝えることで少しでもお役立ちができればと思っていました。

自身、サラリーマンの経験がないこともあり、サラリーマンの気持ちが本当のところよくわからないと思っています。そんな筆者に、サラリーマンに伝える言葉など見つかりません。そんなことで、未だに社員研修はやったことがありません。

それはそれとして、社員研修が必要ないとは言いませんが、「それより前に経営者がすることがあるでしょ」と思っています。というのも、会社は、経営者次第でどうとも変わるということを確信しているからです。そう、まさに確信犯です。

経営者の出来不出来が最も重要なことであって、社員の出来不出来は次の関心事です。長年、事業経営者として経営をしてきた筆者が、いろんな会社とたくさんの経営者を見てきた上での結論です。間違いなく会社はトップで決まります。

経営者が自らを律することなく、社員のことばかりを言うのは、片腹痛いというものです。まず、社員より、己がどうであるかを問うべきです。不出来な経営者が、声高に社員研修を唱えることほどみっともないことはありません。

社員教育を声高に叫ぶ愚かさ

経営者が業績不振の責任を自分以外の社員のせいにするのを時たま目にすることがあります。自らの不徳を省みることなく、幹部たちのリーダーシップのなさをあげつらうのを耳にすることがあります。

そういう経営者が打つ手の1つが、社員教育であるのは周知の事実です。セミナーやトレーニングを受ける社員の心からは、「俺たちより自分の教育をやり直したらいいのに」と聞こえてきそうです。

また、そういう経営者の多くが、「社員たちはどうして俺の思うように動かないのだろう」と心で思っています。自分の想いどおりに動いてくれない社員たちを、まるで裏切り者を見るような顔で見ています。

経営者の人間性を見て人は動く

論語の一節には、「子の曰く、其の身正しければ、令せざれども行わる。其の身正しからざれば、令すと雖《いえ》ども従わず」とあります。「自分自身が人間として生きざまが正しかったなら、命令などしなくても部下がその想いを慮って行動してくれるけれど、自分自身の行いが誤っていたなら、命令をしたところで部下は誰1人従うものはいない」ということでしょうか。

筆者が、経営コンサルタントとして、オーナー企業経営者と後継者にスポットを当てたプログラムを行っているのも、まさにこのことを実体験の多くから確信をしているからに他なりません。どんな組織も、すべてトップ次第でよくも悪くも変化することを目の当たりにしてきたからです。

オーナー企業経営者と後継者が、何よりもまず自分自身を省み、常に自分の立場を意識し、己の修養に努めることこそが肝要です。経営者と後継者は、己の2つの目で社員を見ていますが、社員はその数の倍の目で日々経営者と後継者を見ています。

率先垂範

中国儒教の経典「四書」の中の「大学」では、「修己治人」について書かれています。人の上に立つものの第一義として、「己を修める」ことを教えてくれています。その上で、人の上に立つことが求められています。

「大学」の一節には、「身を修るを以て本となす。その本乱れて末治まる者は否ず。その厚かるべき者薄くして、その薄かるべき者厚きは、未だこれ有らざるなり」とあります。「上に立つ者は、自分の修養を根本とする。その根本ができなくては、下の者が言うことを聞くはずがなく、上手く運営ができているはずがない。本来、気遣うべきところを軽視し、ほったらかしにしていながら、大事なことが勝手になされているというようなことは決してない」とでもいうことでしょうか。

後継者は、まだまだこれからが本番です。父親に代わり経営者となるまでにやるべきことはたくさんあります。その最も大事なことが、「己を修める」ことを知ることです。そして、己を律することを覚えることです。

若い後継者の方からよく聞かれます。「人の上に立つにはどうしたらいいでしょうか」「私に経営者が務まるでしょうか」「どうしたら部下がついてくるでしょうか」などです。

そう聞く彼らの不安気な顔を見ながら、筆者が言います。「大丈夫です。後継者なら誰もが思うことであり、誰もが通る道です。素直な心でたくさんの人から多くのことを学んでください。与えられたポジションで、精一杯の努力をしてください。あなたの働く姿を周りのみんなが見て、リーダーとして相応しいか判断しますから」と。

前にも紹介しましたが、経営交代は、企業にとってリスク以外の何ものでもありません。社員は、もちろんのことながら、取引先も含め、周りが後継者に注目しています。後継者次第で、今後の取引の行方が左右されることがあります。

後継者がそういう立場にあることを十分認識した上で、日々の仕事に従事することが求められます。周りの信用と信頼を得ることができるよう、まずは何事も率先垂範の気構えで望んで欲しいものです。

13　友を選ばず悪友ばかりが侍るようじゃダメでしょ

昔、友は命がけ

時代の流れとともに漢字や言葉の意味が大きく変わっているといわれます。例えば、「友」という言葉は、孔子が生きていた時代と今の時代とでは随分とその意味合いが違うようです。

孔子が生きていた紀元前５００年頃の「友」とは、まさに命がけであった関係であり、あいつのためなら自分の命を捨てても本望であるといった間柄であったようです。それに比べ、現在では、遊び友達、飲み友達など、中にはフェースブック友達などというものまであります。

筆者がここで言う後継者の持つべき友とは、中国古典の時代の命がけとまではいいませんが、信頼、信用、信義を感じられるような友を持ってもらいたいということです。

筆者は、８年前、事業のストレスから、慢性骨髄性白血病を患いました。その半年後、経営していた企業グループを法的整理することになりました。

当初、自分の気持ちをコントロールできず、随分苦しみました。まさに人生の最大の転換点でした。

これから何をして生きていったらいいのかなど、初めはまるで考えられる状態ではありませんでした。その当時のそんな筆者を支えてくれたのは、妻と子供たちでした。

そして、心から応援、支援してくれたのが、友人たちでした。子供の頃からの田舎の同級生、高校、大学の友人、そして青年会議所時代の先輩、後輩などでした。彼らのおかげで、妻と2人の会社を立ち上げることができました。

友の優しさに涙す

筆者のような大きな挫折を体験すると、容易に回復することができません。女性よりも男性のほうが弱く脆いと実感します。少々のことでは立ち直れません。これは、経験した者でないとわからないだろうと思います。

とにかく回復まで時間がかかります。早くて3年といったところでしょうか。筆者も、3年経った頃、ようやく回復してきたかと思えたのですが、実は違っていました。本当に回復しつつあるなと思えるのが、7年経ったきょうこの頃だというのが実際のところです。

挫折をして何を失くしたかといえば、財産はもちろんすべて失くしましたが、それより何よりも自信を失くしたことが一番堪えました。何をするにも、自信がないことが、これほど大変なことかと実感しました。

そんなときです。昔の友人たちが訪ねてくれました。少しずつ少しずつ自分が回復していることを感じています。中でも、同じように大きな挫折を経験した友人は、本当にとても優しく、涙が出るほど労わってくれます。そんな友人たちに心から感謝せずにいられません。

友にはいろいろある

論語の一節には、「己に如かざる者を友とすること無かれ」とあります。「友達をつくるならば自分より出来がいい者にしなさい」ということでしょうか。

どんな人を友達にすればいいのか、また友達にしてはいけない人まで教えてくれています。

「孔子の曰く、益者三友、損者三友。直きを友とし、諒を友とし、多聞を友とするは益なり。便辟《べんぺき》を友とし、善柔を友とし、便佞《べんもう》を友とするは、損なり」と親切に説明してくれています。

「友達にすべき者に3種類、友達にしてはいけない者に3種類あります。正直で実直な人、誠実で真心がある人、教養がある人を友達にすべきであり、媚びへつらう人、うわべは柔和で実は誠意がない人、口だけ達者な人は、友達にしてはいけない」と、具体的に教えてくれています。

友は選ぶもの

筆者が子供の頃は、小学校の先生から、「誰とでも仲よくしなさい。友達は選んではいけない」

とよく言われたのを覚えています。孔子が言ったことと真逆のことを教えられていました。

その後、長年に渡って小学校の先生の言葉の呪縛から解けずにいました。大人になるに従い、あれおかしいぞと思うことが多くできてきました。人間関係の悩みの原因の1つが、まさにここにありました。

無理をせず、自分が心から信頼ができる人だけを友とすればいいのだと思えるようになって、初めて気持ちが軽くなりました。

経営者になれば、実に多くの人と出会うことになります。その出会いの中から、かけがいのない「友」と呼べる人を1人でも多く見つけてください。人生最大の危機に陥ったとき、あなたの本当の「友」が姿を現します。そのときになって初めて気づくかもしれません。自分が想いもしなかった人が「友」だったと。

14　命をかけて経営するなどあり得ないと言うあなたダメでしょ

経営者として生きるということ

会社を経営するということは、経営者の人生そのものであり、経営者の生きざまでもあります。

筆者は、53歳で会社を倒産させ、現在、友人たちの支援を得て小さいながらも会社を経営しています。経営者としての生きざまが、私の人生そのものであることを実感しています。

会社を経営していれば、日々それこそいろんなことが起こります。楽しいこと、嬉しいこと、感動すること、涙すること、悔しいこと、憎らしいこと、羨むこと、怒りを覚えることなどなど、まさに人生です。

筆者は、経営者の長男として生まれ、そのときから経営者としての人生を歩むことが決められていたのだと思います。親父の跡を継ぎ、持ち前の負けん気1つで世に出ようとして会社を大きくはしてみたものの、中味のないまるで風船を膨らませたような会社にしてしまいました。

そして、空気で一杯になった風船が壊れるように、弾けさせてしまいました。その後の人生に何の意味を感じることなく、目標、目的を持つことなく過ごした長い時間がありました。

妻と子供たちに励まされ、勇気づけられ、ようやくにして立ち上がることができたとき、再び経営者として生きていこうと思い始めました。友人たちが手をさし伸ばし、引き起こしてくれなければ今の会社はあり得ません。

そんな筆者ですが、経営者として、他の多くの経営者の方々のためにできることを一生懸命考え、お手伝いしていくことを仕事として、生き続けたいと思っています。経営者として生きることは、筆者の人生そのものであり、すべてです。

経営者が学ぶということ

人生は、勉強の連続であり、学び続けることの素晴らしさについては誰もが異論を持ち得ません。われわれ凡人にとっては、言うは易く行うは難しというのが現実です。ただ、経営者となると話が違ってきます。

世の中の目まぐるしい変化や流れの中で、毎年、適正な利益を上げ続けねば、企業は継続できません。多くの社員の上に立ち、彼らを同じ目標に向かって先導し続けねばなりません。日常業務に追われながらも、常に次の変化に対応し、更なる創造をしなければ成長が得られません。

企業規模にかかわらず、経営者とは、大変な仕事だと改めて思います。その仕事を引き継ぐ後継者の立場も同じように困難であると感じます。

経営全般にわたる実務に精通することはもちろんのことながら、財務、税務、法務におよぶ知識も必要になります。なお、その上、人の上に立つ者として人間学、帝王学が求められます。日々の仕事をこなしていくだけでも大変なのに、そんな勉強などする時間があるはずないという声が聞こえてきそうです。後継者にとっては、業務を覚えるだけでも一苦労でしょうし、周りとの人間関係を構築することにも苦心していることでしょう。

それでもあえて後継者には、もっといろんなことを学んで欲しいと言わざるを得ません。経営者となり人の上に立つということは、社員以上の努力を積み重ね、彼らの信頼と信用を得ることが必須要件になるからです。

論語の一節には、「学ばば即ち固ならず」とあります。「いろんなことを学べば学ぶほどに考え方ややり方がより柔軟で発想豊かになる」ということです。まさに経営者の必須要件に他なりません。

親子で経営をしていて、後継者の息子さんと上手く関係がいっていない経営者に多いのが、頑固で頑なな親父タイプです。何事にも融通が利かず、柔軟性に欠け、いったん言い出したら誰の言うことも聞かないという経営者です。

「学ぶ」こともまた命がけ

漢字や言葉は、時代によって意味や使い方が随分と違うものだとは前述したとおりです。同じように「学ぶ」という言葉も、今とは違っていたようです。

孔子の時代でいう学問とは、道徳であり、政治思想を学ぶことをいいます。それらの儒教的教養を身につけることで、政治の表舞台で活躍することを目指していたものです。以上を踏まえて次の一節を味わってください。

「子の曰く、篤《あつ》く信じて学を好み、死を守りて道を善くす」とあります。「学問を心から信奉し、学ぶことを楽しみ、命を懸けて己が信じた道徳の道をどこまでも突き進み極めてみよう」ということでしょう。

「学ぶ」ということは、私たちが学校で勉強をしたといったような生半可なことではなく、生死を賭けた命がけの行為であったことが窺えます。

後継者がやがて経営者となって進む道は、まさに命をかけて極めるべき道に何ら異ならないのではと思われます。

経営者としての道、経営道を1歩1歩踏みしめていくことが、後継者に与えられた「学ぶ」ということではないかと考えます。

筆者が主宰する経営塾

筆者が主宰する経営塾は、文字どおりオーナー企業の後継者を社長にするための経営塾です。その基本理念は、「修己治人」（己を修めて人を治む）です。経営者として人の上に立たせてもらうつもりなら、まず自分自身の修養に務めることが肝要だということです。

そして、経営者として常に謙虚であること、常に前向きであること、素直であること、反省を常とすること、最後に学ぶことを知ることを経営塾の基本方針としています。

社長になることは、誰にでも簡単にできることです。ただ、真に経営者となることは、容易にできることではありません。筆者の経営塾では、オーナー企業の子息、息女に対し、真の誠のある経営者になるための覚悟と心構えを伝えています。

第3章

働くオーナー一族がそんなんじゃダメでしょ

1　一族みんなで甘えちゃダメでしょ

身内の話

筆者の会社には、身内、親族が３人いました。みんな筆者より10歳くらい年上ばかりでした。２人が親父の甥で私の従弟、１人が姉婿でした。当初は、従弟が３人いましたが、１人は社内で嫁を見つけ田舎に帰っていきました。

彼ら３人の従弟は、田舎の中学や高校を卒業し、親父の会社に入りました。当時は、袋セメントがメインの商品であり、１俵１俵手で積み下ろしをしていました。その頃、１俵は50キロの重さがありました。

従弟たちは、袋セメントの配達に必要な人員として、親父が田舎から連れてきたのでした。これは、今から60年前頃の話ですが、当時、工事現場で働く土方の日給が５００円くらいで、セメント１俵がやはり５００円でした。

その頃のセメントがいかに高かったかおわかりいただけたかと思います。そんなわけで、その当時の工事現場では、セメントがよく盗まれたと聞きます。横流しすればいいお金になったようで、工事現場では、セメントの管理が現場監督の重要な仕事だといわれていました。

セメントは高かった

現在のセメントの値段は、１俵（40キロ）が７００円くらいですから、本当にその頃のセメントは高かったのです。親父は、息子の筆者が言うのですから間違いないのですが、あまり人を信用していませんでした。今、改めて、なぜ親父が自分の身内をたくさん会社に入れていたのかというと、身内なら信用できると思っていたからではと思います。

親父の田舎の兄弟から息子を使ってくれと頼まれたこともあるでしょうが、身内だから安心して仕事をさせることができると考えていたと確信しています。親父がよく「他人さんは信用できない」と言っていたのを子供心に覚えています。

３人の従弟たちは、入社した頃、みんな体が細くひ弱だったそうですが、１年が経つ頃には逞しい体になっていたと親父が話していました。従弟たちの他には、十数人の従業員がいました。あまり品がある人たちではなかったようで、従弟たちは当初大変苦労したと聞いています。

そんな荒くれ集団を束ねていた親父ですから、気性が荒かったようです。従弟たちも親父にずいぶん怒られ、ときにはぶん殴られたものだと言っていました。

当時の仕事は、ほとんどがセメントをトラックに積んで現場に運ぶことだったので、従弟たちは早々に車の免許を取らされたと言っていました。

そんな時代を従弟たちは親父とともに過ごしてきたのです。親父は、酒を飲みませんが、賭け事が誰より好きで、従弟たちも見様見まねで随分遊んだようです。親父が、自分の甥たちを他人の従業員より可愛がったのも当然であったと今ではわかります。

親父と甥、そして筆者

その後、20年近くが過ぎて、筆者が大学を卒業して親父の会社に入ることになったのです。その頃には、従弟たちは30際後半になっていました。1人が営業部長で、もう1人が業務部長と呼ばれていました。姉婿がその10年くらい前に入社していました。義兄は、コンクリートブロックの製造に携わっていました。

当時、社員数は20名くらいでした。一応会社らしい体裁はしていましたが、内実は依然としてセメント屋でした。親父の社長室が2階にありましたが、夕方になると従弟を交えて花札が始まったりすることもままありました。

親父が相変わらず自分の甥たちを甘やかしていたことや、従弟たちもまた甘えていることが、どうしても不愉快で納得できませんでした。それまでの叔父と甥の関係が決して好ましいものと思えませんでした。

後継者だと思っている筆者にとっては、従弟たちより他人の従業員のほうがとても気になりました。彼らが親父と従弟たちの関係を見て本当はどう思っているのだろうかと、あほらしくてまじめに仕事なんかできるかと思っているのだろうかなどと考えていました。

いずれ社長になるのだから、これから彼ら身内を何とかしなくては会社の将来がないと真剣に考えていました。親父にもそんな話をすることになってから、親子喧嘩が増えていきました。オーナー一族が従業員の前で甘やかされ、甘えちゃダメでしょ、そう思っていました。

2　やたら役職欲しがっちゃダメでしょ

建材店の営業部長

さて、従弟の話です。筆者が大学を卒業して親父の会社に入社したとき、彼は営業部長の職にありました。徳島の田舎の高校を卒業し、筆者の親父の会社で働き始めてからおよそ20年経っていました。

当初は、前述したように、セメント袋を担がすために親父が連れてきたようなものでした。いつしか社員が増え、営業マンが必要となってきた頃、従弟の中で一番人当たりがよさそうな彼を配送から営業に異動させたのでしょう。筆者が入社したときは、６人の営業マンのトップをしていました。年商は18億円くらいでした。淡路島島内だけが営業エリアでしたから、いかに建設業界が活況であったかが想像されます。

もともとは建設会社に袋セメントを売っていただけでしたが、建設資材全般にわたって扱う建材店になっていました。仕入先も多岐にわたっていました。建設資材大手メーカーから大手商社に至るまで、商品でいうなら、釘一本から橋梁までというくらい、幅広い商売をしていました。

筆者の会社のような小さな建材会社でも、営業部長ともなると仕入先の有名メーカーや財閥系商社の営業担当者とお付合いをします。彼ら営業担当者は、多くが有名大学卒業者ばかりです。

従弟は、徳島の田舎の商業高校卒でしたから、お世辞にも教養があるとは言えませんでした。そんな従弟を相手に、彼ら大手企業の大卒エリートサラリーマンが「営業部長」「営業部長」と言ってくれるわけですから、決して気分が悪いはずがありません。

人を立てず己を立てる

そんな環境が続くと、いつしか本人が大きな勘違いを起こしたとしてもやむをえないことだと今になれば思います。筆者が入った頃は、従弟にすればまさに得意満面、絶好調といった感じであったと思われます。親父がよく言っていました。「あいつは、うちの会社の営業部長になったとき、よっぽど嬉しかったのか、たくさん名刺を持って田舎に帰ったらしい。同級生に配り歩いたらしいぞ」と。

その程度で済んでいればよかったのですが、時が経つうちに、人間は欲が出るものらしいです。筆者が後継者として帰ったことも彼の心境に影響を与えたのでしょう。ある日、親父が珍しく彼に大きな声で怒っていました。

ある大手商社の社員が、親父に「もうそろそろ御社の営業部長さんを役員にされたらいかがですか」と言ったらしいのです。親父は、これは従弟が彼らに言わせたことだと思ったのでしょう。当然、親父はその話を無視しました。オーナー一族がやたら役職を欲しがっちゃダメでしょ。

3　社員を威圧しちゃダメでしょ

親父の時代の運転手たち

もう１人の従弟の話です。彼も田舎の高校を卒業してすぐに親父の会社に入りました。彼も親父の会社で働き始めて同じように20年近くに経っていました。入社時からトラックに乗り、セメントやらコンクリート製品を配達していました。

売上が増えれば、配達業務も当然増えることになり、大型トラック２台、４トントラック４台、小型トラック2台を持つようになっていました。彼は、普段ははにかみやでおとなしいのですが、気が短いところがあって、暴力をふるうことがありました。

当時、配達業務に携わっていた人たちは、みんな一癖二癖ありました。夜酒を飲んでは喧嘩をしてきたり、酒を飲んでは社長に電話をかけ、給料が安いのと文句を言ってきたりしていたものです。また、交通事故やら荷卸し時の事故なども多くありました。

筆者が帰ったとき、地域の評判を聞いて驚いたことがありました。取引先の土建屋の親父に聞いたのですが、「お前のとこのトラックの運転が危ないとこの辺じゃ有名やで。配達のときも仕事が荒いと評判やで」と言われました。

もっとも、創業当初、セメントは船で運ばれていました。港湾の岸壁に船を横付けして、荷揚げしていました。沖仲士をはじめ、気の荒い人たちの手によって作業が進められていました。そんな中の何人かが、トラックの運転手として働いていたりしていました。

力ずくの立場つくり

従弟たちは、高校を卒業してすぐにそういう人たちと一緒に働いていたのです。そう考えると、少々気が短かったり、手が出たりは、ごく当たり前のことであったのかと思えます。また、気の荒い連中から、社長の甥だということでいじめられたこともあったのだろうと想像します。

筆者が帰った頃は、さすがにあまりにひどい運転手はいなくなっていました。どちらかといえばおとなしい運転手が多くいたように思います。従弟は、肩書は何もありませんでしたが、実質的に配達業務の責任者をしていました。

今思えば、長い時間をかけて、彼は、自分の立場を運転手仲間の中でつくっていったのだと思います。親父もそれを望んでいたのでしょう。ただ、やはり、当時の筆者には、彼の時折見せる暴力が嫌でたまりませんでした。

その従弟の存在は、他の社員たちにも微妙な影響を与えていました。よくに言えば、彼に一目を置いているといったような、悪く言うならば、社長の甥ということもあり、諦めているというようでした。筆者は、彼が時折見せる特定の社員たちへの威圧的な態度に腹立たしさを覚えていました。

4　実力がないのに役職に就いちゃダメでしょ

姉婿
最後にもう1人の身内、姉婿です。姉は次女です。長女は、筆者が中学生の頃、心臓病で亡くなりました。姉は10歳年上です。姉たちの母親は、随分前に亡くなり、筆者の母親が後妻に入りました。

筆者が幼い頃、２人の姉はとても可愛がってくれました。年がずいぶん離れていましたので、姉弟喧嘩にはなりませんでした。筆者の母親とは、良くも悪くもないといったところでした。母親なりに姉たちに気を使ってはいたのでしょうが、筆者ができてからは、やはり筆者中心の家庭になっていました。

筆者は、姉弟のそういう関係を小さい頃から知っていたように思います。おそらくは、母親か姉かが話してくれたのだろうと思います。幼心に、そんな仲なのに姉が可愛がってくれることをとても嬉しく思った記憶があります。

その姉が結婚したのは、筆者が高校生の頃でした。親父の知合いがすすめた見合いで結婚しました。義兄は、小さな繊維問屋で営業をしていたと聞いていましたが、結婚するとすぐに親父の会社に入社していました。

筆者が高校、大学に通っている間、義兄が働いてくれていると思うと、何かとても頼もしく思ったものでした。大学を卒業して会社に入っても、義兄が先にいてくれると思うだけで安心感がありました。

親父は、自分の40歳のときの子供ということもあって、自分の跡継ぎとしてはまだまだ時間がかかると思っていたのでしょう。義兄が自分の右腕になってくれ、番頭のような役割をしてくれたらと考えていたと思います。

過酷な現実

大学を卒業して会社に入った筆者は、当然、義兄が面倒をみてくれるものと思っていました。会社で会う義兄は、それまで思っていた人とはずいぶん違っており、一瞬にして頼れる人を失くした思いでした。

義兄は、入社して10年近く経っていましたから、当然しかるべきポジションにいるものと思い込んでいました。ところが、義兄は、コンクリートブロックの製造工場で、それも他の工員と同じように作業をしていたのです。

最初、繁忙時に応援で工場に入っているのかと思いましたが、どうやら毎日自分から進んで作業をしているようでした。まるで他に仕事がないかのようでした。しばらく様子を見ていて、うすうす何となく事情が見えてきました。

入社当初は、義兄も自分の役割として責任ある立場に１日でも早く就かねばと思ったはずです。しかしながら、自分が入社して初めてわかったのですが、親父が一切何も言わず、指示も出さないのです。

義兄は、自分が何から始めていいのか本当にわからず、困ったのだと思います。２人の従弟が先に入っており、彼らが義兄をすんなりと歓迎したとも思われません。当時は、後に退職した従弟を入れて３人の従弟がいたことになります。彼ら従弟が、義兄をみんなでいじめたとは言いませんが、決して認めようとはしなかったと確信します。それは、長男である筆者が帰ったときも似たような状態であったので推測できることです。

失敗

自分の居場所を自分でつくらねばならなかった義兄が辿り着いた場所が、本社事務所から離れたコンクリート製造工場であったのだと思います。そして、肩書だけの工場長として、毎日毎日ブロックをつくっていました。

その後、筆者が自分で自分のポジションをつくっていかねばと思い孤軍奮闘したことは、前述したとおりです。その過程で、義兄を何とか手伝いをしてもらえるようなポジションに置きたいと考え、役職に就けていきました。

結果として、義兄は、期待どおりの働きをしてくれませんでした。義兄の仕事の能力は、当初からよくわかっていましたが、役職に就ければ少しは違ってくるのではないかと何度も期待しました。しかし、毎度、裏切られたのです。

一族だからといって、実力がないにもかかわらず役職に就けることの愚かさは、筆者が一番知るところです。人事は、公正に適材適所、やはりこれが原則です。筆者の経営者としての失敗がここにもありました。

5　一族の跡目争いはいいかげんダメでしょ

突然の解任劇

ある建設会社会長の次男坊の話です。地元では、３代続く建築会社として、堅実な経営が続いていました。現社長は長男です。長男は、人柄がよく、顧客に親しまれる温厚な社長として評判は悪くありませんでした。

長男は、父親である会長から社長職を譲られ、10年が経っていました。その間、業績は順調に伸び、創業来の最高益を上げるなど、地元でも有数の優良企業として知られていました。

一方、次男は、常務取締役として長男を支え、兄弟仲よく社業を盛り立てていると思われていました。人柄は明るく、社交的で、外では決して偉ぶったところなど微塵も見せませんでした。

長男と次男の関係性がどのようであったのかは他人には全くわかるものではありません。傍目には、次男が長男を支え上手く会社が回っているとしか見えませんでした。次男が長男をどう思っていたのかなど誰も全く無関心でした。

ところが、ある日、いつものように出勤した社長のところに総務の人間がやってきて、本日午後から会長の招集で臨時株主総会を開くと連絡がありました。社長は、一瞬何だろうと思ったものの、高齢の父親がそろそろ引退でもするのかなどと思ったようです。

午後からの臨時株主総会は、役員全員出席のもと、社長の解任案が提出され決議がなされました。長男によれば、すべて準備されており、知らなかったのは自分だけであったと言っていました。その後、次男が4代目社長に就任決議がなされました。

突然、その日のうちに会社を追われた長男は、何が何だかまるでわからず、誰に相談していいのかもわからず、失意のどん底であったと聞きました。長男は、その後数年、引きこもりになり、うつ状態でいました。

嫁姑の関係性にも注意

後から漏れ聞こえてきた話では、次男が長男の失策、失敗事例を父親に誇大に報告し続けていたようです。このままでは会社存続が覚束ないなどと、高齢の父親が不安になることを吹き込み続けました。

また、以前、長男夫婦と会長夫婦は同居していたのですが、嫁姑の折合いが悪く、長男夫婦が家を出ていました。それ以降、次男夫婦が足繁く父親宅へ出入りしていたといいます。次男の嫁からも、兄嫁のこと、義兄のことなど、姑に告げられていたと十分想像されることです。

いずれにしても、長男が知らぬところで、次男夫婦による長男追い落とし劇が密かに進められていたということが真相のようでした。次男の長男に対する思いに、弟以外誰にもわからない強い確執が存在していたのは事実でしょう。

その後、時間が経つにつれ、父親も大変な間違いをしてしまったのではと思い始めていたようです。次男への不信感が、段々と父親に芽生えてきたのでしょう。父親から長男に連絡が入り出したと聞いています。

まだまだこれからも波乱がありそうな気がしています。一族の跡目争いは、いずれにしても後味が悪いものです。

6　いつも俺が俺がじゃダメでしょ

兄弟が入社

A社は、建設機械販売会社です。もともとは、農業機械の販売会社として設立されました。３代続く地域では有数の優良会社でした。現在の社長は、先代の長男で、先代社長の急逝の後、社長に就いています。

長男は、大学卒業後家業を継ぐため帰郷し、長らく専務として父親を支えてきました。根がまじめで、素直な性格のため、社員にも好かれています。地域でも各種団体へ積極的に参加しており、人望があると言われています。

事業は、先代社長が、建設機械販売を始め地域の建設会社を顧客として、建設業の隆盛とともに発展成長してきました。先代社長には、もう1人男の子・次男がいました。彼は、大学卒業と同時に、取引先である大手建設機械メーカーへ就職しました。

次男は、建設機械メーカーの営業マンとして、全国レベルでも有数のやり手営業マンと言われるまでに成長していました。先代社長は、次男を説得し、自分の会社へ入社させました。長男を次男が手助けしてくれたら心強いと願ってのことでした。

次男は、入社後、営業マンを指導しながら業績を大きく伸ばしていきました。そんなあるとき、次男が建設機械のリース事業部を立ち上げたいと申し入れてきました。そして、自らが事業部長を務め、実績を積み上げていきました。

子会社として分社

事業は、折からの建設ブームを背景に、順調に発展していました。次男は、リース事業部を別会社にさせて欲しいと言ってきました。父親は、長男と相談の末、子会社としてならいいだろうということで、会長に父親が就き次男が社長に就任しました。

両社とも順調に推移していました。そんなあるとき、父親が急逝しました。相続の結果、それぞれの会社が、全く別会社として新たなスタートを切ることになりました。

それまで次男の会社は、リース事業だけでしたが、別会社になった途端、建設機械の販売をやり始めました。それ以降、長男の会社と次男の会社が同業社として競い合うことになりました。

次男は、長男と同じように、各種団体での活動に力を入れるようになり、各種団体の役職に就くようになりました。

仕事上も、兄弟で同じ顧客を取り合うことになったわけですが、次男の会社のほうが営業力があり、長男の会社が苦戦することになりました。勢いに乗った次男の会社は、エリアを近隣市町に広げ商圏の拡大に務めました。

建設業の活況に陰りが見え始めた頃、次男の会社は、不良債権をたびたび抱えることになりました。もともと社歴が浅い上、資本の積上げも少なく、体力が伴っていませんでした。取引先の倒産が引き金になり、次男の会社が倒産しました。

思わぬ簿外債務の出現

長男は、次男を心配しつつも、自社に影響がなかったとひと息ついていました。そんなある朝、メイン銀行の担当者が書類を持参しました。次男の会社への融資の債務保証書類の写しでした。

そこには、次男の会社に対する資金融資に際し、親会社であるA社の保証が父親の名前でサインされていました。子会社への融資に親会社が保証するという、当然といえば当然の行為でした。

ただ、相続の際、そのような簿外債務にまで誰もが気づくことなく済まされていた結果のことです。しかし、長男としては、納得できる話ではありません。とはいえ、法的にどうしようもないと弁護士からも言われ、やむなく弁済をしました。

その後、兄弟は、2度と会うことはありませんでした。世の次男みんながみんな、長男に対して競い合うことが当たり前とは言いません。長男より俺のほうが出来がよいのに、長男より俺のほうが人気があるのに、長男より俺のほうが商売が上手いのにとか思い続けながら大きくなってきたのかもしれないと思うと、いろいろ考えさせられてしまいます。

7　感情をモロに出しちゃダメでしょ

カエルの子

筆者は、子供の頃、親父に車に乗せられ得意先である建設会社へよく連れていかれました。田舎のことですから、ほとんどが自宅と事務所が同じところにありました。親父は、社長がいてもいなくても、社長の奥さんや事務員のおばさんたち相手に楽しそうに話をしていました。子供心に、筆者の親父の仕事は、おばさんたちと話をすることだと思っていました。

親父が度々言う言葉に「営業マンはどれだけ長く取引先の事務所におられるかが勝負や」というのがありました。仕事をし始めた筆者は、かつて親父がしていたのと同じように、取引先の奥さんや事務のおばさんたちに気に入られるよう最も気を使ったものでした。

事務所に長くいられる効用は、仕事の情報をいち早くつかむことができることや相手先の社内の人間関係を知ること、同業他社の動きを教えてもらえることなどがありました。

筆者が社長になり、営業マンと同行するときには、営業マンが相手の奥さんや事務の方々にどれだけ可愛がってもらっているのかを観ることが目的の1つでした。

雌鶏歌えば家滅ぶ

さて、その奥様たちですが、それこそいろんな方がおられました。親分肌の奥様、文字どおり内助の功そのものの奥様、噂好きでおしゃべり好きな奥様、人情味豊かな奥様、上品で物静かな奥様など様々でした。

そんな中で、社長の話をし出すと、途端に感情的になる奥様がいました。その社長は、土建屋の

2代目でした。先代社長は、土方の親分のような存在感ある社長でした。地域のまとめ役でもありました。その先代に見初められ、息子の嫁にと請われてきたのがその奥さんでした。

簡単に言えば、「かかあ天下」でした。そのためか、少々感情的になり過ぎるきらいがありました。当時、まだ談合が行われていた時代でした。先代社長と違い、その社長はおとなしく、人柄がとてもいい人でした。そんな社長でしたから、談合の話合いが苦手で嫌だったのだと思います。

要するに、いつも談合で降りてきてしまうのです。もう少し粘れば取れるのにというところで譲ってしまうのです。それに奥さんが切れてしまうわけです。切れる気持ちがわからないわけではないのですが、それが少々度を越しています。

そうなると、誰も奥様に手がつけられません。周りは大変なことになります。仕事どころではありません。男の社員さんたちは、みんなそっと出て行ってしまいます。そんなときに間が悪く何度か遭遇しました。

ひどいときは、「私がお父さんに代わって話合いに行く」と言い出します。1度だけみんなが止めるのも聞かず、奥さんが出かけたことがあったようです。感情的になり過ぎ、話にならなかったと他の社長から聞いたことがありました。

社長の面目も何もあったものではありませんでした。家庭内のことではないので、奥さんが感情をモロに出してはやっぱりダメでしょ。

第４章　働く社員がそんなじゃダメでしょ

1　社長をやたら神格化しちゃダメでしょ

オーナー企業で働く社員が、「こんなじゃダメでしょ」と思われることを、これから7つご紹介します。

カリスマ社長

まず、最初は、自分の会社の社長をまるで神を見るかのように崇め奉る社員の話です。

かつて取引をしていた建設会社の話です。地域NO.1の地方ゼネコンでした。特に、海洋土木に強く、特殊作業船を有していました。その作業船は、社長のオリジナルと言っていいくらいのノウハウがたくさん取り入れられており、その評価は世界的なものでした。

地方ゼネコンが、こんな特殊作業船を持っていること自体が異質なことでした。大手造船所で造られましたが、その際も社長自ら図面を手に造船所社員に指示を出していました。出来上がったときには、日本全国から建設関係者が多く見学にきたものでした。その特殊作業船のおかげで、その会社が今でも存立していると言っても過言ではありません。

建設業界の業界環境は、公共工事抑制政策に始まり、談合への取締まり強化等により、年々厳しさを増していました。多くの中堅ゼネコンが倒産をしたり、地方のゼネコンが激減をしたりと、大変な時期を経てきました。そんな中にあって、この建設会社は、現在に至るまで営々と業績を積み重ねています。その大きな要因が、この特殊作業船であったことは間違いないことでした。

その社長は、また、行動力が並外れていました。経営者のトップ営業とはこうあるべきだというまさに見本でした。筆者も、少なからず大きな影響を受けました。会う度に社長に叱れてばかりいましたが…。

「朝の出社が遅い」「二日酔いになるなんて気が緩んでる証拠や」「思い立ったらすぐ行動や」「お前の会社は家業や」「田舎にばかりいて世の中が見えるはずがない」「頼み事があるなら相手先に朝一番で出社や」「人を接待するならとことんやれ」「酒飲んで酔うやつはあほや」「世界を知らんで、何で商売ができるんや」などなど。想い出してこう書いている間も、何やら今また叱られているような不思議な気になります。

やはり、当時も今も、筆者は、この社長のことが好きなのでしょう。当時も怒られるのを承知で会いに出かけていたものでした。

自社の社長が一番

そのカリスマ経営者の秘書をしていた女性がいました。その秘書も、筆者と同じように、あるいはそれ以上に社長を敬愛していました。その社長のスケジュール管理や社長のための情報収集など、いろんなお世話をしていました。

そんな社長ですから、言うこともすることもスピード感があります。その社長の要望すべてに応えるのにもスピードが要求されました。その秘書は、要望を見事にこなしていました。そのために、その秘書も、早朝から夜遅くまで時間を惜しまず仕事していました。

それだけに、自社の社長が何をしても、一番できる男性になります。他の男性諸氏は、いかな政治家であろうが、エリート官僚であろうが、右に出る男性はいないのです。とにかく何でも一番は社長でした。

筆者などは、社長の弟子みたいなものでしたから、秘書にとっては自分と対等かややもすると一段下に扱われることがありました。もっとも、筆者は、若いとはいえ一国一城の主のつもりでいましたので、その扱いにはときたま閉口したものでした。

相手が筆者だからいいのですが、他の人たちにも同じように対応することがありました。どんな大きな会社の社長であろうが、秘書にはあまり関係ないようでした。傍で見ていて、その慇懃無礼な対応にハラハラすることが多くありました。

自社のカリスマ経営者に心酔するあまり、取引先の経営者に対し礼を失することは控えねばなりません。その対応を見た取引先の経営者の部下にすれば、自分たちの経営者を軽く見られているようで気分がいいことではありません。自社の社長をやたら神格化しちゃダメでしょ。

2　社長の顔色ばかり見てちゃダメでしょ

支店長はエリート

あるメーカーの話です。その会社とは、親父が商売をし始めた頃からの付合いでした。業界の中では弱小な規模でしたが、オーナーの存在はある意味業界一という特異な会社でした。

九州を本拠地として名古屋までをカバーしていました。オーナー家は、代々政治家を生む家系であり、政治力のある企業として有名でした。その家業として今のそのメーカーがありました。

上場はしていませんので、オーナー家が経営する文字どおりのオーナー企業でした。このような会社ですので、創業家の御曹司が代々にわたり経営しています。他の大手メーカーとは、明らかにそういう意味で違っていました。

もともとその業界のメーカーの支店長というのは、われわれ取引先特約店から観ると、メイン銀行の支店長と同じくらいの影響力がありました。金融機関が金を貸してやっているというのと同じようなイメージで、特約店に商品を流してやっているといった感じでした。

親父が創業したころのメーカーの支店長というのは、筆者の時代よりもっとさらにエリート然としていたようでした。特約店になることが非常に難しい時代で、金融機関から融資を受けるよりさらにもっとハードルが高かったと、親父がよく言っていました。

昔の代官様を接待するような感じであったとこぼしていました。実際、当時の支店長クラスは、旧帝大卒の本当のエリートばかりであったとも言っていました。そんな時代の名残が、まだ何となく業界にはありました。

筆者の会社の根幹ともいえる商品が、そのメーカーのものでした。したがって、社長になる前から親父に代わってメーカーに出かけていました。何やかやとメーカーが主宰する会が度々開かれていました。

中でも、年1回の全国特約店会というのが、最も大きく盛大に行われていました。時には、特約店の社長夫婦が招待されたりすることもありました。そんな懇親会の席でのお話です。

サラリーマンの習性

全国特約店会の懇親会は、まず、メーカー社長の挨拶があり、特約店会長が乾杯の音頭を取り、乾杯から始まります。

その後、何が始まると思いますか。

乾杯が済んで、特約店仲間がテーブルで談笑をし始めます。一番前の席には、メーカー社長と特約店会長が仲良く並んでいます。

見ていますと、一番前の席にビールを持った人たちが並び始めました。誰が誰のところにビールを片手に並んでいるのかと観ていましたら、何とメーカーの各支店長が、自社の社長にビールを注ごうとわれ先に並んでいるではありませんか。

筆者は、またかと呆れる思いで彼らを観ていました。われわれの担当支店長が、特約店の社長連中を放っておいて、自社のオーナーにビールを注いでいるのです。何かおかしくないですか。どこか間違っていませんか。

毎年この光景を観る度に、サラリーマンの習性とは悲しいものだなと思っていました。前述したように、この会社のオーナー家は、誠に由緒正しいお家柄ではありますが、ここは全国から特約店の社長さんたちが集まっている場なのですから、まず接待されるべきは特約店じゃないのかと、毎年怒りを持ちながら彼らの醜態を観るのが楽しみにもなっていました。

このメーカーでは、役職が上になればなるほど、客ではなくオーナーのほうを向いて立つことになります。特約店に尻を向けて、オーナーの顔色をひたすら窺うことになるのです。噂では、上になればなるほど、何かあるとすぐに飛ばされると言われていました。それじゃまるで恐怖政治じゃないかと同情したものでした。オーナーの顔色ばかり見てちゃダメでしょ。

3　何も決められないじゃダメでしょ

自ら何も決められない元ラガーマン

かつてお世話になったある建設資材のメーカーの社員・Dさんの話です。

Dさんは、K大ラグビー部出身のラガーマンでした。そのメーカーの社長が同じ大学の先輩だったご縁で入社したと聞いていました。筆者の会社は、そのメーカーとは実に長い取引があり、メインビジネスともいえる商品を扱う会社でした。

筆者の会社は、当初、淡路島のみで商売をしていました。筆者の代になり、業界市場が急激に収縮し始め、外部に商機を求めざるを得ない状況になりました。社長になったばかりの筆者は、チャンスとばかり営業所を神戸市に出しました。

その後、大阪、東京、名古屋と支店を開設し、沖縄から北海道まで全国を市場としてビジネス展開ができるようしていきました。

ところで、そのメーカーとの取引契約は、本来、淡路島のみでの販売に対してのものでした。自社の事情でビジネスを広げていきましたので、なし崩し的に無理やり商品を供給してもらっていました。担当者レベルでは好意的にどんどん商品を供給してもらい、本来の取引契約上の条件等はうやむやにしたままにしていました。

オーナー社長の秘蔵子

Dさんは、社長の引きが強かったのでしょう、他の社員より明らかに出世のスピードが違っていました。また、職種も営業職が短く、管理畑を歴任していったようでした。支店長になったのも他の社員に比べて早かったように思います。

その後、支店長歴もわずかな期間で修了し、役員へと上がっていきました。Dさんと親しく話すようになったのは、彼が支店長職の後、取締役営業部長になってからのことでした。

筆者の彼への評価は、日に日に下がっていくことになりました。支店長レベルで話にならない事案が多く出てきており、都度、営業部長のDさんに相談することになりました。筆者からいろいろな提案なり要望をするのですが、見事に1つとして彼から答えをもらったことがありませんでした。

彼への話は、わが社にとってはすべてが重要案件ばかりです。その返事次第で、大きなビジネスが成立したり、顧客への大事なサービスになったりといった案件でした。しかし、見事に、彼から返事をもらえたことが1度もなかったのです。

そのほとんどの事案は、結果として彼の上司に直接話を通したり、彼の部下と強引に進めたりして対応していました。

筆者がこれまで出会ったサラリーマンの中で物事を自分で決められない人のNO.1は、間違いなくDさんです。

筆者だけでなく、彼の部下たちのDさんへの評価は散々なものでした。誰もが口を揃えて言うのは、Dさんが何も自分で判断したことがなく、自分で何かを決めたことがないということでした。驚くことに、その後もDさんは順調に出世をされ、その会社の専務にまでなっています。どうしても理解ができない人事です。重要な役職にある人物が何も自分で判断することなく、何も決められないとしたら、その組織はどう機能するのか未だに不思議に思うところです。

もっとも、オーナー企業で、オーナーが社長だからそれでいいのかもしれません。

4 リーダー気取りじゃダメでしょ

ある古参社員の話

ある防水塗装会社の古参社員・Cさんの話です。

Cさんは、長らく技術作業員として現場に出ていました。当時は、営業部長として、地元の建設会社を顧客として営業をしていました。

先代社長が防水工事の職人上がりで、地元の建設会社に出入りしていました。今は、会長として好きなゴルフに興じる毎日を送っています。社業は、長男が継ぎ、現在社長として頑張っています。

Ｃさんは、会長が若い頃から育て上げた生え抜きの社員です。息子の社長にとっては、頼りになるというより、煙たい存在というか、扱いにくい社員となっています。Ｃさん自身、職人上がりで会長直参を自慢して憚りません。

社内での彼の態度は横柄で、2代目社長に素直に従えない雰囲気を常に出しています。これには、息子である社長も苦々しい思いで見つめることしきりです。自分は先代に雇われた人間だということを社内で広言する始末です。

自分では、他の社員たちには人気があると思っています。若い職人たちを連れては、毎晩飲み歩いています。

その費用は、当然のように会社の経費を使っています。これには社長が何度か注意をしましたが、やはり聞く耳を持ってくれません。

自分は、若い頃、会長が毎晩飲ませてくれたから、今の若い者たちに飲ませてやるのは俺の仕事だと言ったようです。会社の催事では、何でも自分が仕切ろうとします。本来、社長がすべきことを社長を差し置いてあえて彼がやってしまいます。

声高で威圧的

他の社員たちは、「飲ませてくれるからついていってるだけ」と言っています。「誘われて断ると大きな声で文句をたくさん言うので、仕方なくついていってる」という職人もいます。

どうやら自分が会長の後の親分気取りでいるかのようにも思われます。また、彼は、社長がどうにも頼りなく思っているのかもしれません。

これには、社長も我慢の限界がきていました。親父の会長に相談することが多くなりました。そんな親父が、とうとう彼に引導を渡すことになりました。「俺もそろそろ身を引くことにするのでお前も一緒に会社から引け」ということになったようです。古参社員と後継者との関係には、難しいところが多くあります。後継者は、なかなか彼らにははっきりとしたことが言えない場合が多いのですが、そんなときこそ親父の出番です。

5　協調性がないのを個性と思っちゃダメでしょ

建設業界業務という仕事

地方建設会社のある社員の話です。

Ｂさんは、建設会社の営業をしていました。当初は、地域で力のある建設会社に務めていました。若い時に入社をし、社長に目をかけられていました。

当時は、まだ談合が行われていた時代でした。建設会社の営業といっても、実情は、業務といわれる同業者との調整役でした。談合がある時代の地方の建設業は、地域のNO.１企業が談合の調整役をします。したがって、力がある会社がよりいい仕事を取ることができる仕組みになっていました。

Ｂさんの会社は、ある地域のNO.１企業でしたから、文字どおり同業者の調整役であったわけです。

Ｂさんは、先輩社員の後ろについていきながら、段々とその仕事を覚えていったようです。性格的なこともあったのでしょうが、早くに若くして頭角を現しました。ついには、その会社の業務の責任者になっていました。

社長との信頼関係もあり、めきめきと業界の中でも活躍が目立ち始めていました。建設会社の中でも業務の仕事は、ある意味で汚れ役的な存在です。しかしながら、業務の出来不出来がまさに受注に繋がるのですから、社内での存在感は高くなります。

他者を思いやる気持ちがない

地域の業界環境がよかったこともあり、会社の業績もさらに上がっていきました。そうなると、年が若くして社内での地位も上がったおかげで、残念なことに傲慢とも思われる振舞いをすることが増えてきました。

社内では、段々と一般社員が彼を警戒するようになってきました。それがますます彼を孤立させると同時に、さらに増上慢にさせてもいました。何しろ会社の受注は自分のおかげだと、他の社員を食わせているのも自分だと、思い始めていたからです。

彼は、社内での協調性など無関心でした。同じ社員でありながら、自分は特別だといつしか思い始めていたのでしょう。もうこうなると後は誰も彼に意見をする同僚も先輩社員もいなくなりました。社長もいつしか業務を仕切る彼に一目置かざるを得なくなっていたのです。

後は、お決まりのコースを辿るように、不祥事を起こし、退職することになりました。その後は、地方建設会社を転々としたようですが、行くところ行くところでトラブルが絶えなかったと聞いています。彼には、端から他の社員と協調しなくてはなどと考えてもいないことだったでしょう。

6　何でも否定からじゃダメでしょ

人の言うことは聞かない

これは、実在のある会社のサラリーマンのお話です。ある会社が新しい商品を扱うことになり、筆者がお手伝いをしたときのことです。当初、彼のアドバイザーとして、いろいろと意見させてもらおうと気軽な気持ちで引き受けた事案でした。

そもそもこの事案は、じっくり取り組めば着実に売上が伸びていくと思っていました。苦戦するなどとは、夢にも思っていませんでした。最初は、あれ少しおかしいなといった程度でした。

筆者が次々と紹介していく先へ、２人で営業によく出かけました。知合いからの紹介先なので、初めは筆者が同行し、後は彼１人で営業に行くという約束でした。ある程度日が経ってから、彼に「その後どうですか」と尋ねるのですが、「なかなか先方とアポイントが取れず、あれからまだ伺えてないのです」という返事でした。

そういうことが何度か続いたとき、せっかく知人に紹介してもらった先が上手くいかないことに業を煮やした筆者は、彼に「どうして先方に会えるまでやってくれないの」と問うてみました。すると、「忙しいのでなかなか時間が取れないのです」との返事でした。

何がそんなに忙しいのかさらに聞いてみますと、筆者が当初から「その業界に売るのはやめたほうがいいですよ」と言っていた先へ、彼１人でどんどん話を進めていたようでした。その業界の問屋にいい話をされてその気になっていったようでした。

結局、彼は言うことを聞いてくれていないのだとだんだんとわかってきました。それからしばらく付き合ってみると、彼は、筆者だけでなく、誰の言うことも聞かないということがわかってきました。

「自分1人でやっているのではなく、チームでやってるのだから、人の意見も聞かないとダメだよ」と何度も言いましたが、結果は同じでした。そんなことがあって、とうとう当初心配していたように、在庫だけが膨らむことになりました。

否定を続けて混乱してしまう

その失敗があってから、少しずつ相談をしてくるようになりました。筆者が、「では、それはこうすればいいよ」と言いますと、彼は必ず「そうですね。でもね」「はいわかりました。でもね」「それいいですね。でもね」と返してきます。

そんなことがしばらく続いてたので、しばらく彼を放っておきました。いよいよまた状況が詰まってきたのか、相談があると言ってやってきました。「どうしたの」と聞きますと、「実はいろいろ考えまして、こうしようと思うのです」「じゃそうすれば」と言いますと、「でもね」と、また始まります。「そう思うならそうすれば」と、私が続けると「でもね」と返ってきます。

結局、彼の話は、自分で言って自分で否定しての繰り返しを延々と続けることになるのです。結果、何も決まることなく、決められずに終わってしまいます。実際にこんな人がいるのです。何でも否定しちゃダメでしょ。

7　自分の都合だけの報告じゃダメでしょ

先代の遺産を食い尽くす

もう４年の付合いになる営業マンAさんの話です。筆者とその会社社長とが古くからの友人で、営業支援としてアドバイスさせていただいています。Aさんは、30年近くその会社に在籍しているベテラン営業マンです。肩書は営業課長です。

その会社の問題はいろいろとあるのですが、喫緊の課題は売上の減少に尽きます。原因は、長年古くからの固定客ばかりで済ましてきたことにあります。また、固定客の中でも売上比率が極端に偏っており、ある１社が６割強を占める構造になっています。

ご他聞に漏れず、その得意先の業績がここ数年振るわず、経費削減のあおりをまともに食うかたちで、友人の会社の売上が減少しています。新規顧客の開拓を全然行ってこなかったつけが、今回ってきています。

経営者としての友人自身の責任なのですが、彼は、親父から事業を引き継いだ2代目社長で、昔からのんびりとしたところがありました。先代からの顧客だけで長年十分経営してこられたことが、結果として今の状況を生んだことになります。

報告は気遣い

ある日のこと、Aさんが、「この間、間違った商品を納入してしまいました」と。「どう対処したの?」と筆者。「電話で担当者に謝りました」「え、電話で?」「担当者が忙しいもので」「相手が忙しかろうがこういうときは速やかに先方に行ってね」「はい、すみません」。

Aさんは、普段から紹介した先との経過報告をしてきません。いつもAさんに「どんなことでもメールで報告して」とお願いしていました。案の定、今回のトラブルも、筆者が行くまで何の報告もありませんでした。

その取引先の社長と筆者が親しい関係なので問題が大きくならずに済んだのですが、トラブルを知らずに先方の社長と会ったとしたら、そんな失礼なことはありません。他の紹介先でも同様なことが何度か起こりました。

「Aさん、上手くいったことの報告も必要だけど、トラブルの報告はもっと大切だから必ずしてね」という筆者の顔を、Aさんは怪訝そうに見ていました。この仕事が、どんな経過で、どんな人間関係の下で成立しているのかなど、まるで関心がないような顔を見せていました。

Aさん、自分の都合で報告したり、しないじゃダメでしょ。

第5章

本気でやれば
こんなにすごい親子経営

1　社員任せはもうおしまい

オーナーシップの発動

筆者が言う「親子経営」とは、同族経営、ファミリービジネスなどと同様の企業形態のことです。わが国の多くの企業が同族経営であるのは、すでに承知のことです。昨今、学者の間でも、日本の同族経営についての研究が少しずつなされています。

ここからは、経営者の目線で、自身の経営経験から見た「親子経営」の強さと弱さを考え、「親子経営」の真価を問うてみようと思っています。「親子経営」の強さを語ることは、同時に弱さを語ることです。

「親子経営」の強さを7つ挙げることは、弱さを7つ挙げることになります。7つの弱さと真摯に向き合うことがリスクヘッジとなり、強さをさらに高めることが「親子経営」の繁盛と繁栄の秘策に他なりません。

さて、前置きが長くなりましたが、最初は「オーナーシップの発動」です。オーナーシップとは、オーナー企業経営者が、企業の所有者として、主体的に強い情熱と責任を持って、経営者としての経営責任と役割を果たすことをいいます。

行き過ぎた間違ったオーナーシップによる経営が起こす様々な企業不祥事は、枚挙にいとまがありません。昨年、世間を騒がせた「ナッツリターン騒動」、学校法人文理佐藤学園園長による法人会計の私的利用などはその典型です。

また、それ以上に問題なのは、オーナーシップが発揮されていない経営が多くあることです。本来、経営者がやるべき決定、決断を疎かにし、優柔不断に陥っているオーナー経営者が多くいるところこそが大きな問題です。

社員任せは責任放棄

筆者は、長年、オーナー企業経営者として、いろいろな事業経営をしてまいりました。その後、経営コンサルタントとして、多くのオーナー企業経営者の方々とお会いする機会を得ることができました。その中で、経営者が会社の本来の所有者であるにもかかわらず、どこか経営に対して遠慮をしているというか、主体性が感じられないといったような経験をしました。

言い換えるなら、オーナー経営者としての役割と責任を果たすことなく、他の役員、社員にその多くを任せてしまっているということです。会社の業績が思うように推移していないにもかかわらず、どこか他人事のような経営者がいるということです。

彼らは言います。「社員みんなに任せているから」と。「社員みんなで決めたことだからみんなに任せている」と言います。事業がおかしくなっているにもかかわらず、そう言って手をこまねいています。

本来、事業を見直し、見極めることは、経営者がすべきことです。オーナー企業では、オーナーにしかできないことです。正しい「オーナーシップの発動」こそが、今、経営者に求められています。

設備会社B社長の場合

ある経営者の話です。B社長とします。B社は、創業50年の設備会社です。電機メーカー出身の先代社長が創り上げた地方の設備会社です。地場の観光ホテルを中心に、設備メンテナンスを得意としている会社です。

現社長は、先代の義弟で70歳になります。先代に息子がいなかったため、自社株を買い取り、10年前60歳で事業継承をしました。長年、先代の下で、専務として仕事をしていました。専務時代の評判は、社内ではそれほどいいものではありませんでした。

先代の娘婿2人の内のどちらかが会社を継ぐのではとの思いがあり、身内特有の甘えがあり、昼行燈を決め込んでいました。そんなとき、先代が体調を崩し、しばらく入院することになり、事業継承の話が進んだようでした。

社員たちは、社長就任当初から、それまで専務としての彼を知っていましたので、互いに少しぎくしゃくとすることがあったようです。現在はそういうこともなく、無難に社長職をこなしているように思えていました。

筆者は、知人の紹介でB社長を知ることになり、何度か会社にもお邪魔しました。B社長の息子の面倒を見てほしいとの話でした。長男は、42歳になり、今は専務として働いています。ごく普通のまじめな息子さんで、どちらかといえば、おとなしい無口な感じがします。

さて、問題は、息子さんより父親のB社長にありました。業績はここ数年低迷を続けています。正確にいうなら、先代から経営を引き継いでから、売上が毎年落ち続けていました。見事な右下がりを描いています。

原因はいくつかあります。1つは、新規顧客がまるでなかったこと。もう1つは、メインとなる取引先の経営が思わしくなく、年々取引額が減少していることなどでした。

筆者は、経営について聞かれているのではなく、あくまでも長男の育成を頼まれているので、直接経営について意見を言うことはありません。

ただ、B社に出入りし始めてから、いろいろと気にかかることがありました。まず、B社長が、いつお伺いしても会社にいることです。ややもすると、1日中社長室にいるのです。それから、社長が出席する営業会議を何度か拝見したことがありますが、実に一方的な会議で、社員は報告するだけで、後はだらだらと社長があでもないこうでもないと話すだけで終わっています。社員から新規顧客獲得の話があるのでもなく、社長から明確で的確な指示がされるわけでもなく、このままいくと大変な事態になるのではと危惧されます。

長男は、社長にいろいろと意見を言うようですが、まるで聞く耳を持たないのだそうです。

筆者は、このままではいけないと思い、1度新規顧客の話をしたことがあります。そのとき社長は、「社員たちみんなに任せてるから」と言いました。聞いて、それ以上言う言葉を失いました。ここ10年間、売上が確実に右下がりで新規顧客がゼロできているにもかかわらず、社長が言う言葉がそれだけとは、開いた口が塞がらない思いでした。

B社長には、オーナー経営者としてやることが山ほどあります。にもかかわらず、1日中社長室にいて、社員の不出来をあげつらい、叱るばかりでは、あまりにも責任がなさすぎます。オーナー経営者としての責任と役割を果たして欲しいと願うばかりです。

過、不及なく中庸という難しさ

論語からまとめて2節。「子曰く、過ぎたるは猶及ばざるがごとし」「子曰く、中庸の徳たるや、其れ至れるかな。民鮮《すくな》きこと久し」とあります。「何事もやり過ぎると元も子もないものだ。何事もほどほどがいい」「過、不及のない中庸の徳というのが望み得る最上のものだ。なかなかわれわれ凡人にはできないことだ」となります。

経営者のオーナーシップも同様です。闇雲に、何がなんでも発揮すればいいというものではありません。ここぞ、これというところで、過、不及なくオーナーシップを発揮することです。また、何事もやり過ぎがよくないのは言うまでもありません。

「親子経営」において、経営者がオーナーシップを遺憾なく発揮することは、重要なことです。オーナーシップの発揮が正常に行われてこそ、企業活動が活性化し、業績が大きく変化をするものです。

そのためにも、オーナーシップを発揮する前提として、オーナーである経営者が人格者であり、人望、人徳があることが望まれます。さらに、経営者が世の中の普遍的な仕組みを知り、何事もほどほどという中庸の徳を知っていたなら、もう何も言うことはありません。

2　今すぐ親子で売上30％増

社長のトップ営業

多くの中小企業が、業績頭打ちの状態です。これ以上どうしたら売上と利益を伸ばすことができるのか、皆目見当がつきません。営業マンにノルマと成功報酬を与えるやり方にも限度があります。

売上、利益を上げろと、営業マンを毎日追い立てたところで結果が出てきません。社長もどうしていいのかわかりません。挙句に、朝から社長室に1人閉じこもって、ああでもない、こうでもないと結論が出ない思案の袋小路に入り込んでいます。

これまで見てきた会社の中で、業績がいい会社の経営者は、毎日忙しく、本社にいる時間が少なく、お会いするには必ずアポイントを入れなければならないのが当たり前でした。

一方で、業績が悪い会社の経営者は、資金繰りと社員の尻を叩くのに忙しくて、アポイントなしで会社にお伺いしても必ずおられます。中には、1週間、どこへも外出せず、ずっと社長室にいるという社長もいます。そして、いよいよ閉塞感に苛まれ、進退窮まってきます。

こんなときオーナー経営者がしなければならないことは、もう1度原点に立ち戻って、自らが動くということです。筆者の経験から言えることは、経営者が本気で動き始めれば、売上の30％くらいはすぐに上げられるということです。

オーナー企業にとって、オーナー経営者そのものが会社の看板でありブランドです。一営業マンが動くのとは影響力が大きく違います。経営者自身、当初は営業の第一線で毎日働いていたはずです。それが、いつの間にか営業は営業マンに任せるようになり、もっぱら日々社員を管理することが多くなります。そして、社長室ができると、朝から入ったきりで終日部屋から出ることさえ少なくなったりします。

師匠経営者Ｍ氏

筆者が尊敬するＭ氏の話をします。現在、Ｍ氏は、田舎の農業協同組合の組合長をしています。その前は、地方の町の町長を１期務めました。２期目にちょうど近隣の町との行政合併があり、初の市長選挙となりました。当然、立候補しましたが、残念ながら相手候補に負けてしまいました。

Ｍ氏と初めて出会ったのは、彼が地方のゼネコンの専務をしているときでした。筆者は、京都の同志社大学を卒業後、父親が経営する田舎の建材会社に入っていました。当時、筆者の会社の２番目に売上が大きい取引先の専務をしておられたのです。

Ｍ氏との初めての出会いは、あまりにも強烈な印象を残しました。入社のご挨拶に伺ったとき、初対面にもかかわらず、筆者の結婚相手は自分が決めると言われたのです。

その後、若い筆者にいろいろと公私にわたりご指導をいただき、格別なお引立てをいただきました。その後、社長になられてからの仕事ぶりには、鮮烈に私の記憶に残っています。朝早くから夜遅くまで、平日休日の区別なく動くその姿には、畏敬の念を覚えずにはいられませんでした。

そんな忙しい社長ですから、お会いしたくてもなかなかアポイントが取れません。営業マンとして出入りしていましたので、社長の秘書の方には便宜を図ってもらえるよう努めていました。そのおかげもあり、社長室には自由に出入りができるようになり、白板の社長のスケジュールを勝手に写させてもらい、次はいつ何時に本社にいるかなどの情報を得ていたものです。

その社長のスケジュールを見て、その動きの激しさには驚かされていました。まさに超人的なスケジュールでした。地方ゼネコンのトップが、日本全国を飛び回り、ここまでの営業をするのかと驚嘆の連続でした。

筆者の顧客の他の地方ゼネコンの経営者とM氏は、まるで違っていました。全く違う業界かと思うほど、他の経営者はのんびりと構えていたものでした。数年も経つと、その経営トップの動きの違いが、業績にはっきりと現れてきました。

また、トップの動きに合わせるかのように、社員たちの仕事ぶりにも大きな変化がありました。特に、幹部と思われる役員たちの動きが、俄然違っていました。自社の社長のほうが彼らより情報量が多い上に、現場の状況まで把握しているのですから、幹部たちもうかうかしておられません。

これまでにあれほど素晴らしい経営者のトップ営業を他に知り得ません。大胆な動きをするかと思えば、ここまで気を使うものかと思わされるような繊細な心配りをしたりします。若い筆者には眩しいほどのこの上ない素晴らしい経営者でした。筆者のその後に大きな影響を与えているのは、言うまでもありません。

後に、身内、親族のごたごたがあり、年若くして社長を従弟に譲りました。その後、町長になったことは先に記しました。嬉しいことに、今でも、農協の仕事で上京の折には食事をさせていただくことがあります。ご病気をされ、体力こそ少し落ちられていますが、今でも地方の強面の農協組合長としてご活躍されています。

プレイングマネジャーの経営者は強い

事業経営者としての経験から言えば、オーナー経営者は、まずプレイングマネジャーであるべきだと考えています。なおかつ、オーナー経営者こそ、トップセールスマンでなければならないと思っています。

オーナー経営者自らがセールスに出ることの効用には事欠きません。まず、顧客に対するきめ細やかな対応は、社員には真似ができません。また、顧客との信頼関係づくりには、オーナー経営者であることが何より有利になります。

その上、オーナー経営者が動くことで、ライバル会社との差別化が顧客に印象づけられます。顧客へのサービスや接待なども、社員が行うのとオーナー経営者が自ら行うのとでは、受ける顧客の満足度が大いに違うものです。

経営者がこうして自ら動くことで、売上が上がるだけでなく、社員に与える影響が少なくありません。経営者がトップセールスを行う姿を間近に見た社員が変わります。これまで、いくら声を大きくしても動かなかった社員たちの目の色が変わり始めます。

経営者が口を酸っぱくして行動を促しても、それまで全く変わらなかった社員が、オーナー経営者自らが動き始めた途端、変化が起こり始めます。経営者の執拗な言葉より、経営者の行動が彼らを動機づけるのです。オーナー経営者がリーダーとして「率先垂範」することの意義が、まさにここにあります。

オーナー経営者が自ら範を示し営業に出ることで、社員の社長を見る目が変わります。なおかつ、経営者自らが結果を出せば、社員はもう何をかいわんやとなります。経営者が動き、結果を出し続けることで、社内のムードが大きく変わります。

現場を誰よりも知る経営者が開く営業会議は、それまでと一味違ってきます。誰よりも動く経営者に誰も何も文句が言えなくなります。そして、オーナー経営者がそうやって動くことが、社員に多くの気づきを与えるきっかけとなります。

3　昔の大店《おおだな》は大番頭がすべてを仕切った

番頭さん復活

中小企業経営者の悩みの1つが、右腕が欲しい、右腕になる者がいないということです。右腕とは、後継者ではなく、いわゆる「番頭」さんです。ここで言うのは、「番頭」でも「大番頭」を持とうという話です。

時代劇のドラマを見ていますと、商家には必ずといっていいほど「番頭」さんが出てきます。大きなお店ですと大番頭さんがいて、小番頭さんが何人かいたりします。ここはその「番頭」さんがテーマです。

大きなお店の「大番頭」さんというのは、主人に代わりお店のすべてのことを取り仕切っています。お店に来られるお客さんはもちろんのこと、奉公人すべてにまで常に目を光らせています。

主人がいなくても、「大番頭」さんがいれば、お店は無事に何の問題もなく回っています。また、若い跡取り息子の面倒まで「大番頭」さんがみていることがあります。公私に渡り跡取り息子のお世話をしています。

代が変わり、跡取り息子が主人となっても、跡取り息子が一人前の商人となるまで、お傍に仕えてお店を取り仕切っています。子供の頃には、このような「番頭」さんをまだ見かけた気がします。

家族経営の会社が企業としての体裁を整えるにつれ、「番頭」さんが専務取締役、常務取締役などに変わってきました。呼び名が変わるとともにその役割分掌も変化してきたようです。

「右腕」「片腕」は得難い

筆者は、親父の後を継ぎ、30歳から建材会社の社長をしていました。その頃の悩みの1つが、誰か右腕、片腕となる社員ができないものかということでした。当時、社員数は20数名で、身内社員が3名いました。

身内社員というのは、一長一短があり、なかなかに難しいものです。互いに身内ということでどうしても甘えが生じるものです。

社内外の評判も、あまりよくないことが多くありました。

社長就任直後、社内では四面楚歌の状況で、誰1人として相談に乗ってくれる者もいませんでした。社内の人間を引き上げ、幹部に登用してみたものの、期待する働きをしてもらうことができませんでした。

若くして社長になった筆者は、何よりも取引先での評価を貰おうと必死でした。社員とのコミュニケーションを取る余裕など、当時の筆者にはありませんでした。まして、自分の手で幹部を育成することなどできませんでした。

そんな筆者に右腕となる社員が3人できたのは、その後20年近く経ってからのことです。1人は、知人の紹介で、ある商社で支店長をしていた方でした。もう1人は、ある大手企業の子会社を株式譲渡してもらったときのプロパーの方でした。最後のもう1人は、社長になってから採用した経理の社員でした。

その3人を得たときの喜びはとても大きなものでした。何しろ、長年、文字どおり1人で経営してきたものですから、心から信頼できる幹部社員を得た嬉しさは、未だに忘れることができません。今、思い返せば、彼らが筆者にとって「番頭」さんでした。彼ら「番頭」さんに全幅の信頼を抱いていましたので、それからの動きがとても変わりました。

彼らを得たことで、自分自身に自信を持つことができ、おかげでそれまで以上に積極的に動き回ることができました。

人事の要諦は適材適所

論語より一節。「子、衛《えい》の霊公の無道なるを言う。廉子《こうし》曰く、夫《そ》れ是《これ》の如くんば、奚《いか》にしてか喪《ほろ》びざる。孔子曰く、仲叔圉《ちゅうしゅくぎょ》は賓客《ひんきゃく》を治め、祝鮀《しゅくだ》は宗廟《びょう》を治め、王孫賈《か》は軍旅を治む。夫れ是の如くんば、奚《なん》ぞ其れ喪びん」とあります。「孔子が衛の霊公の不出来について語りました。廉子はなぜそれなのに衛は滅びなかったのでしょうかと問いました。孔子は、仲叔圉が外交を為し、祝鮀が内政を治め、王孫賈が軍事を掌握していたのだから何の問題も起こり得ず、それ故衛が滅びることなどあり得ないと語りました」となります。

会社においても同じように、各部署にしっかりとした「番頭」さんがいたならば、社長が少々の羽目を外したとしても、大きな問題にならないかもしれません。もちろん、それも程度ものであるのはいうまでもありません。

4　親の代、祖父の代からのお客は実にありがたい

代々の顧客との強い結びつき

同族企業の強さの1つが、取引先との長年にわたる強い顧客関係です。互いに同族企業であることが多い取引関係がとてもユニークです。オーナー同士の繋がりがあり、家と家との付合いがあり、家族同士の交流があったりします。

互いの冠婚葬祭への参列はもとより、中には婚儀を結ぶことで、姻戚関係になることまでありまず。いずれも、今の取引関係をより強固なものにし、さらに信頼関係を深めようとする動きです。

筆者の結婚

筆者が、大学を卒業し、親父が経営する地方の建材会社に帰ったときのことです。息子が帰ってきて入社したということで、一緒に取引先を挨拶周りしていました。地元で一番大きなゼネコンへ緊張しながら訪問しました。

社長への挨拶が終わり、次に専務と面談したとき、専務がこう言いました。「お前が大石の息子か。

お前は勝手に結婚したらあかんぞ。お前の嫁は俺が決める」。面食らってしまいました。

これはえらい大変なところに帰ってきてしまったと思ってしまいました。建設業界とは、何とも恐ろしい世界だと思いました。自分の結婚まで取引先に決められてしまうのかと考え込んだものでした。

当時、まだ若くて生真面目な筆者は、その後ずっとその専務の言葉が気にかかってしかたありませんでした。今の妻と見合いで出会って結婚を決めたとき、真っ先にその専務のところへ報告に行きました。

「専務、実は先日見合いをしました。結婚しようかと思うのですが、いかがでしょうか」と恐る恐る話しました。すると「そりゃ、よかった」とにこりとして言われたので、内心ほっとしたものでした。

今でも妻に言われます。もし、そのときその専務が、「そりゃ、あかん。お前の嫁は俺が決めると言うたやないか」と言われていたらどうしたのと。本当のところどうしたのかなと思うと、可笑しくなってしまいます。言うまでもなくこの専務がＭ氏です。

企業オーナー同士の信頼は強い

論語から一節。「有子曰く、信、義に近ければ、言復《ふ》むべきなり。恭、礼に近ければ、恥辱に遠ざかる。

因《よ》ること、其の親を失わざれば、亦宗《そう》とすべきなり」とあります。「有子が言いました。約束事が道義に適っていたのなら言葉どおり行われる。謙譲は礼儀に適っていたなら屈辱を味わうことはない。人を頼るには、その人となりを見間違わなければ真に頼ることができる」ということでしょうか。

当時、前述のM専務が、初対面の筆者に言ったことは、彼にすれば戯れにすぎない些細なことでした。しかし、その後、彼の人となりに触れるにつけ、とても信頼し尊敬をしていました。その彼が、「お前の嫁は俺が決める」と言ってくれたことが、とても嬉しく誇らしく思えたものでした。その後、専務から社長になられ、公職へと転身されましたが、今でも相変わらず可愛がっていただいています。

同族企業の取引先オーナー同士が互いに信頼し合うことができれば、これほど強い結びつきはありません。少々のトラブルがあろうと、信頼に基づいた解決策が必ず見つかるものです。互いに親の代からの付合い、さらには祖父の代からの付合いなどという取引先がざらにあるものです。長い時間をかけた信頼、信用というのは、何ものにも代えがたい財産です。

わが社のあり得ないお客たち

親父の会社に入って、営業として最初に担当したエリアがありました。そのエリアは、以前からわが社のエアポケットのような存在で、決まった担当営業マンがいない地域でした。別に売上が低いとか、その地域に顧客が少ないとかいうことではありませんでした。強いて言うなら、特別に営業担当者を張り付けていなくても、わが社に注文をしてくれていたからとしかいえません。実は、この上もなく、何ともありがたいお客さんたちがいてくれたものです。

なぜかと言いますと、親父が建設資材の販売を裸一貫で始めたとき、その地域の土建屋の親方連中が、特に親父を気に入ってくれ商売が始まったということでした。以来、担当者がいる、いないにかかわらず、彼らが仕事を落札したら、必要なものすべてをわが社に注文してくれていました。

そんなありがたいお客さんがいる地域に営業担当者がいないなど、お客さんたちに失礼だとの思いがあり、筆者がその地域の初めての営業担当者になりました。

当時、その地域の土建屋に若い筆者が行きますと、まるで可愛い孫が来たかのような扱いで接していただきました。それが1社や2社ではなく、驚くことにその地域のほとんどの土建屋さんがみんな可愛がってくれたものです。

その地域にライバル会社の営業マンがどれだけ熱心に通おうと、全然相手にされません。筆者が行くまで注文を待ってくれているのです。本当にあり得ないありがたい話でした。その後、社長になってもその関係は変わることなく続いていました。全国に営業展開した後も、時間があればその地域へ挨拶回りに出かけていました。

親父の代からの取引先は、本当にありがたいものでした。行くと必ずわが社の文句を言われる社長がいましたが、その社長も最後までわが社に注文をし続けてくれていました。本当に感謝の念でいっぱいです。

5　会社は大きけりゃいいってもんじゃない

地域に根差した身の丈経営

親子経営を含む同族企業の5つ目の強さは、地域に根差した経営であること、そして自社の実力を冷静に推し量り身の丈にあった経営をすることです。よく注意をして、各地方、地域の企業の動向を見てみるとこのことがわかります。

昔から続く企業の中には、時代の流れとともに消えていったものが多くあります。その原因はいろいろと考えられます。業種そのものが必要とされなくなって消えてしまったものや、地域の人口が減ったために事業が成り立たなくなったものもあります。

そんな中で、営々と悠々と地方、地域で今も健在で経営されている企業が多くあります。それらの企業がなぜ生き残っているのかについて考えてみますと、1つの共通した経営手法または経営理念といったものに行き当たります。

それが、「地域に根差した経営」であり「身の丈にあった経営」です。それは、徹底した地域優先、地元大事といった、いってみればビジネスでは当たり前の商習慣を大事にした結果だといえます。

なお、その上で、無理なことは決してしない、分不相応なことはしないといった、これもまたそこらのどこにでもいる頑固親父が言いそうなことかもしれませんが、これを徹底して行動規範としてきた結果、営々悠々と生き残ってきたのです。

筆者の失敗

ここで筆者の事業経営者としての失敗についてお話しします。前述したように、かつて経営していたのは地方の建材会社でした。島という特殊な閉ざされた経済環境にかつてはありました。現在は、橋が本州と四国に掛かり、島が島でなくなった状態です。地域の経済にとっては便利になったことが好悪併存しており、全体としては各地方がそうであるように地盤沈下しています。

30歳で経営を引き継いだ頃は、まだ島内で架橋関連の工事、縦貫道の工事などの公共工事が目白押しの状況で、島全体が活況を呈していました。しかし、それらの公共工事が行き渡れば、いずれは仕事が少なくなるのは明らかでした。

このまま島内だけの需要で会社を経営するのか、島外に出て市場を開拓していくのかの分岐点にありました。当然のごとく、島外進出を選択しました。自社の経営形態、財務状況など、深く自社を分析することなく、突き進んでいきました。

当時の世相は、公共工事に対する風当たりがだんだん強くなってきており、国の予算も公共工事削減へと動き始めた頃でした。全体に右下がりの業況の中、無理を押しての業容拡大になっていました。

気がつけば、沖縄から北海道まで支店、営業所網を敷いていました。売上は、厳しい業界環境の中にもかかわらず右上がりを続け、１００億円を超すまでになっていました。好事魔多しとよく言ったもので、売上の上昇とともに不良債権も多くなっていました。

売上は、１１５億円をピークに徐々に下がり始めました。売上が上がるときも下がるときも、多額の運転資本が必要となり、メイン金融機関に手を引かれ、あえなく倒産することになりました。

失敗から学ぶ

今考えてみますと、建設資材販売商社という形態の企業は、実は、全国展開のような規模を効かす企業形態ではありませんでした。どれだけ売上が増えようが、各支店、各営業所の固定コストに変動がなく、利益率がよくなるわけでもなく、いわゆる規模の経済が効かない形態です。そのことに気がついたのは、つい最近のことですから後の祭りです。

ここで論語から一節。「子曰く、人の過ちや、各々其の党に於てす。過ちを観て斯に仁を知る」とあります。「人は、その人らしい失敗をするものだ。その失敗をみれば、その人となりがわかるものだ」とでも言いましょうか。

筆者は、あの人生の分岐点で、島内だけで事業をするという選択はどうしてもできませんでした。同じ状況になれば、同じ選択をすると思います。若いが故の功名心もありましたが、性格上前へ前へというのは直りません。

しかし、2度目がもしあるのなら、もっと慎重に財務的に足元を固めた上で、もっとゆっくりとしたペースで人材の育成をしながら売上拡大、利益増大を図るでしょう。自分の身の丈を高くしていきながら、高さに見合った経営をしたいものだと思います。

6　子供や孫に継がす醍醐味

老舗菓子店の話

先日、テレビを観ていましたら、660年続いている老舗和菓子店の様子が映されていました。番組では、フランスから洋菓子店のオーナーが来日し、日本の伝統和菓子を取材するといったものでした。

東京中央区明石町にある塩瀬総本家という和菓子店が取材されていました。34代目店主の会長が、一行を工場へと案内して、いろいろと説明されていました。何といってもこだわりは、代々続く餡のつくり方だと言っておられました。

老練な職人がつくるその餡は、絶妙な火加減で、時間をかけじっくり炊き上げ、甘さの加減と固さの加減も長年の勘と独特の感覚により練り上げられ、見ているだけでその美味さが伝わってくるようでした。

その後、ホームページを見させていただくと、創業1349年（室町時代）に奈良において日本で初めて餡入り饅頭をつくり始めたとありました。1460年に京都へ移り、1659年に江戸に移転。そして、戦後1950年に現在の明石町に移るとありました。

この老舗和菓子店から窺える長年に亘る繁盛と繁栄の秘策について考えてみます。

まず1つは、660年という年月、味を守り続けるため、厳しいまでの職人技術の伝承にあるといえます。

もう1つは、世の中の流れに機敏に対応してきたことだといえます。室町時代に奈良で創業したものの、室町御所とのかかわりができたものか、京都へと移っています。そして、江戸時代に入りこれからは江戸が中心と見ると、すかさず江戸へ進出しています。

江戸では、江戸城の御用を承ったとあります。また、明治に入り、宮内省の御用も承ったとあり、まさに時勢時流に乗った商いをしてこられた観が見受けられます。歴代店主の時代を見る目の確かさと、素早い行動力の賜物かと感じ入ります。

長期的展望

同族企業の強さの1つが、長期的展望に立った経営戦略を立てることができることです。まずは、親から子へと50年くらいのスパンでビジネスを考えることができます。孫の代まで入れると、60年、70年先のことまで視野に入ることになります。

それこそ、子々孫々までのことを考えると、前述の老舗企業のように、１００年、２００年といったロングスパンで自社のビジネスプランを描いておくことまであり得る話となります。

ここで論語から一節。「子曰く、歳寒くして、然る後に松柏《しょうはく》の彫《しぼ》むに後《おく》るるを知るなり」とあります。「季節が巡り、冬も深くなると、松や柏の葉が散らずに残っていることに気づくものだ」となります。

春、夏、秋の賑やかな風情の中では、松、柏などの木の葉の青さが目立つことなどありませんが、冬ともなれば多くの草木が枯れ果てる中にあって、その青さが何とも美しく映るものだ、とでも言えるでしょうか。

1人の人間の長い人生において、順風のとき、逆風が吹くときがあります。他人から見れば、順風だと見られているときは、その人の内面まで見透かされることはありませんが、逆風にあるときはその人の真の姿が見られることになります。人間、逆境にあるときこそ、松や柏の葉のごとく、青々とした葉を見せたいものだと思います。人間としての真価が問われるのが、逆境にあるときだといえます。

企業も同じように、好調、不調の波が絶えずやってきます。好調なときには目立ちませんが、不調なときに際立つべきなのが経営者の存在だといえます。経験からすれば、好調なときにこそ、実は不調となる原因があります。まさに好事魔多しです。

長期的視野

何か問題があるときは短期的視野も必要ですが、長期的視野に立った解決策も必要なのではと考えます。まさに前記の老舗菓子店の歴代店主が、あの戦乱の世を生き抜いてこられたのも、長期的展望があったればこそだと思われます。

昨今では、商品の流行りすたりといった商品価値の寿命に始まり、サービスモデルやビジネスモデルの寿命に至るまで、ビジネスサイクルがとても速くなっています。極端なところでは、業界そのものがなくなってしまうといった話まであります。

このような時代だからこそ、長期的視野に立ち、長期的展望を巡らし、自社の事業の見直し・見極めが必要かもしれません。他社と同じ土俵ではなく、自社独自の土俵が現れる可能性を感じます。

7　息子は他人が育ててこそ親父を超える

後継者は第三者に育ててもらう

最近、仕事柄、後継者である子息の育成に悩んでいる経営者の方に多く出会います。その都度、「そんなことで悩まないでください。そもそもご自分で子息を教育しようとすること自体に無理があります」と言っています。

その理由については、第1章で述べています。要約すれば、父親は、自らの経験から、様々な問題に対してこうすれば上手くいくということを知っています。そのため、子供に対しては、いちいちこうしろ、ああしろと言ってしまいます。自分が経験したことだから間違いない、正しいのだと言います。父親が言うことが正しければ正しいほど、子供は反発してしまいます。

それが、世間も認める立派な経営者である父親であれば、なおさら後継者である子供は反発します。父と息子は仲がいい、悪いではなく、また相性がいい、悪いが関係するのでもありません。

理由は、父と息子だからという他ありません。父と息子という不思議な関係、厄介な関係がなせることとしか言いようがありません。何しろ2300年も前の孟子が、昔からそう言われているというのですから仕方がないのです。

では、どうすればいいのかということです。これにも孟子が答えてくれています。「自分の子供を他人の子供と取り換えて教えなさい」と言っています。要するに、自分の子供は自分で教育せず第三者に育ててもらえということです。

先輩に再会し息子を預かる

筆者の経営塾に2年前から来ている塾生の話をします。彼の父親は、青年会議所の先輩になります。3年くらい前、突然、電話がかかってきました。筆者が田舎を出て東京に来てから探してくれていたようでした。上京するので会いたいということで、久しぶりの再会をすることになりました。

8年ぶりの再会でした。彼が、地元の市長選に出たとき、陣中見舞いに行って以来の出会いでした。残念ながら選挙は負けてしまいました。彼にとって、人生初めての大きな挫折になりました。以来、しばらくは引きこもりに近い状況であったように聞きました。田舎のことですから、やむをえないことでした。

彼の気持ちが痛いほどわかりました。同じように大きな挫折を経験した者にしかわからないことかもしれません。彼も同じように、私の気持ちが手に取るようにわかってくれていたと思います。

会社のほうは、選挙の前から社員の１人に後継させていました。今は、相談役としてのんびりしているとのことでした。現在、筆者は、先輩の会社の顧問をさせていただき、甘えさせてもらっています。そんな縁があって、先輩の長男を預かることになったのです。

２年前は大学生であった長男が、今は取引先メーカーへ２年の約束で勤めています。月１回の筆者との勉強会は、もう足掛け３年になります。初めて来たときと今では、学生と社会人という立場の変化以上の変化をしています。

もともと仲のいい親子でしたが、今ではさらに強い信頼感が感じられ、傍で見ていても本当にいい親子だと思えます。筆者が教育したからというのでなく、息子の教育は任せたという父親の覚悟が、息子に微妙に影響した結果だろうと思っています。

息子のほうが、私と親父の扱い方、使い方の違いを知っているといったところでしょう。親父に言えない、聞けないことや、思いを伝えてくれています。現在、筆者と親父と息子の３人の関係性は、とてもいいと感じています。この３人のいい関係性が、息子にとってもきっといい状態なのだと確信しています。彼を見ていて、息子は第三者に教育してもらうのがいいと改めてそう思います。

「甘え」と「遠慮」

先日、ある建設関連会社の社長にお会いしました。１代で築いてこられた会社ですが、ご夫婦に子供さんがなく、ことし35歳になる甥御さんに継がせたいと思っているとのことでした。社長自身が職人であり、これまで多くの職人を束ねてこられ、また他の親方連中との連携でたくさんの現場をこなしてこられました。気づいてみると、多くの職人を抱える会社になっていたのだと言っておられました。

そんなわけで、自分自身を経営者だと自覚したことがなく、甥を経営者にするための教育などできるはずもないので相談に来たと仰っていました。筆者は、前述の持論をお話して、ぜひとも第三者に預けることをおすすめしました。

この場合は、息子ではないのでケースが違うのではと思われますが、叔父と甥という関係もなかなか微妙なものです。実の親子ではないので、互いに「遠慮」があります。この「遠慮」がよいように働くときがあれば、また逆に悪いように働くことがあります。

また、実の親子ではありませんが、互いに慣れてくると互いに「甘え」が生じます。この「甘え」が「遠慮」と同じく好悪両方に働くことがあります。したがって、実の親子ではありませんが、直接教育するより第三者に委ねることをおすすめしたのです。

このように、同族企業の後継者は、息子だけではありません。後継者を身内親族から選ぶことも選択肢としてあります。これも同族企業の強みの1つです。ただ、この場合も、身内親族故の「甘え」には十分考慮することが必要です。

終章　親子経営バンザイ

1　経営交代はビッグチャンス

スムーズな経営交代

究極のところ、親子経営の要諦はと問われたなら、スムーズな経営交代にありと答えます。後継者の育成などを含めた準備期間から、後継者が経営者となって独り立ちするまでの経営交代の期間をいかに上手く乗り切るかが、最も難しいところであり、最も重要なポイントになります。

経営者である父親からすれば、後継者と思う子供を経験と知識を積ませながら経営者に据え、傍から経営者として一人前になるのを見守っていくまでの期間であり、後継者である子供からすれば、後継者として経営者になるための準備をし、経営者となってから1日も早く自他ともに認められる経営者となるまでの期間が経営交代の期間です。

経営交代に要する期間は、ケースによりそれぞれです。短くて3年、長くて10年というところでしょうか。ここでは、理想とする経営交代の話をします。

理想的な親から子への経営交代は、社長が代わることで会社の業績がさらによくなると、社内外から期待されるようなスタートを切ることに他なりません。

継がせようとする者と継ごうとする者、両者にフォーカスし、継がせようとする者には、心構えと覚悟を促します。継ごうとする者には、先代への感謝と尊敬の念を新たにし、謙虚に経営交代の準備をしてもらいます。

経営交代はバトンパスの妙

経営交代は、まさに、陸上４００メートルリレーそのものです。その勝敗は、バトンパスをどの地点で、どんなスピードで次の走者に上手く渡すかにかかっています。バトンパスができるテークオーバーゾーンは、20メートルと決まっています。

バトンパスをテークオーバーゾーン内で行うため、走者はスピードを落とさねばなりません。次走者は、テークオーバーゾーン内でバトンパスを受けるため、懸命にスピードを上げねばなりません。このタイミングがすべてを決めます。

同じように、経営交代において最も大切なことは、継がせる者と継ぐ者がタイミングを合わせることです。継がそうとする社長は、現役ですから、もちろんトップスピードで走っています。トップスピードで走っている社長から見れば、後継者の走る姿は、何とも頼りなく見えるものです。

後継者は、バトンを受け継ぐために、これから走り出そうとしていることを理解してやらねばなりません。現役の社長は、トップスピードで走っているのですが、そのことを忘れてしまいがちです。そして、後継者の走りが何とも遅いものだと思うのです。

後継者が社長となり、スタートを切った後、後継者がトップスピードに1日も早く乗れるよう育成し見守らねばなりません。後継者は、新体制になったことで、さらなる社業の成長を描いたビジョンを広く示す必要があります。そのビジョンは、聞くもの誰もが魅力を感じるものでなければなりません。

先代経営者は、そんな頼もしい後継者を見守りながら、一抹の寂しさを噛みしめ、これからの自分の新たな人生を歩き始めることを考えます。以上が、あくまでも著者が思い描く理想の親から子への経営交代です。

親子の関係性を真剣に考える

論語より一節。「子曰く、父母に事《つか》えては幾《ようや》くに諫《いさ》む。志の従われざるを見ては、又敬して違わず、労して怨みず」。「両親に何か間違いがあれば、それとなく話をしてみることだ。そして、もしこちらの言うことを聞いてもらえないときには、さらに慎み深くして逆らわないことだ。また、さらに話をして聞いてもらえなかったとしても決して怨んではいけない」となりましょうか。

父親に対して息子が何か間違いを指摘する際は、よほど言葉を慎重に選んで言う必要があります。父親に限らず、目上の人に諫言をすることは、とてもデリケートな心使いがいるものです。誰しも、目下の者から意見されることは、面白いことではありません。

親子で共に仕事をするときは、親子の関係性が良好であるに越したことはありません。親子の関係性は、相対性のものですから、どちらかでも変えようと思えば変わるものです。ここは、頑固な父親よりも、素直な息子のほうから変えてみることです。

父親に対し何か意見を言う際には、ストレートにものを言うのでなく、それとなくわかってもらえるような言い方を考えてみることが大切です。息子の出方が変われば、父親の反応も当然違ってくるものです。

親から子へのスムーズな経営交代の実現が、親子経営をさらに強める起爆剤となります。企業にとっては、経営交代が成長、発展のための大きなチャンスととらえ、前向きに積極的に取り組んで欲しいものです。

2　「お家騒動」の芽を摘む

親子の確執から相互不信へ

オーナー企業において「お家騒動」が起こる要因は、いくつかあります。その1つが、親から子へ経営交代をする際に起こる様々な揉め事です。中でも親子の確執による親子の相互不信の末の騒動が、最も多く、かつ複雑な様相を呈しています。

これは、本章で述べたように、親子の関係性を改善するのが遠いようで実は早道であり、根本から問題を解決する手立てとなります。親子の関係性を改善する方法については、序章で触れていますが、親子が互いの意識と言動を少し変えることで、大きな変化が得られるものです。

もう1つは、兄弟間の後継争いが問題化する場合です。このケースも本章で述べていますように、基本的に父親の出処進退の問題とかかわってきます。父親が現役で元気なときに、じっくり、ていねいに解決しておくべき事案です。

自社株の譲渡について併せ考えておくべきであり、相続の際のことまで考慮しておく必要があります。そうしておくことで、父親亡き後の無用な争いを防ぐことが大切です。最もしてはならないことは、父親が自分の出処進退を明らかにせず、いつまでも後継者を決めず、最後まで行ってしまうことです。ロッテの「お家騒動」は、まさにこのケースです。

「赤福」のケース

伊勢の名物「赤福餅」で有名な老菓子舗が、今、「お家騒動」で揺れているのをご存じでしょうか。事の発端は、2007年10月、消費期限を偽っていることが発覚したことでした。当時、テレビで連日報道されていました。

その後、消費期限偽装事件の責任を取り、当時の代表取締役会長であった父親が職を辞し、長男が代表取締役社長として実権を握りました。それが2014年4月、長男が突然社長を解任され、代表権がない会長職に追いやられてしまいました。現在、母親が代表取締役社長に就任しています。

解任の原因は、長男と父親との経営方針の違いと噂されています。察するに、大塚家具のケースと同様、父親のビジネスモデルを長男が全否定するかたちで経営がなされたのだと考えられます。

こういうケースは、実は、多くの中小企業で起こっています。筆者のかつての取引先であった地方の工務店でも、同様なことがありました。ある日突然、長男である社長が取締役会で社長を解任され、次男が社長に就いたのです。

このときは、次男夫婦があることないことを父親夫婦に日ごろから吹き込んでいたようでした。日頃から母親と長男の嫁の仲が悪かったことも、大きな原因の1つでした。

自社株の持ち分比率を考える

赤福と工務店、どちらにも共通する事実が1つあります。それは、息子に社長を譲った後も、会社の株の大半を父親が持っていたということです。実は、多くの中小企業が、同様な状態で経営交代しています。

財務内容がよい会社であれば、株価の評価がとても高く、譲渡するには多額の税金が発生します。また、財務内容が悪い会社の場合は、税金の必要はそう多くありませんが、いつでもできるという思いがあり、自社株の譲渡が引き延ばされていることがあります。

息子が父親から経営を譲渡されたとき、ある意味これで天下を取ったというような気持ちになります。そのせいで、父親への配慮に欠け、父親の気分を害し、挙句の果てには、父親から三下り半が出されることになります。自社株のことなど、息子には全く無関心なことでした。まさか実の父親が自分の首を切るなどとは思いもしなかったのです。

3　親子経営その真価

親子で経営することの難しさと素晴らしさは、本章で延々と述べてきました。しかし、親子で経営することにこれほどすごいことがたくさんあるにもかかわらず、その真価を発揮することなく、親子でモメてちゃもったいないでしょということを最も言いたいのです。

ここで親子経営の真価を改めて記します。

1　オーナーシップの発動

2　社長のトップ営業

3　番頭さん復活
4　代々に亘る顧客との強い結びつき
5　地域に根差した身の丈経営
6　長期展望による経営戦略
7　身内、親族から広く後継選びの可能性

以上、7つの真価をそれぞれの企業で自社分析され、改善策を練り、秀でているところはさらに伸ばすことをぜひおやりいただきたいと思います。親子でともに取り組めば、スピード感のある改革がされると考えます。

現在、何となく先行きが見えないとか、現に業績に陰りが見えている企業が、これら7つの真価を1つひとつていねいに自社分析をされ、改革案、推進案を出され、ぜひ実行して欲しいと願います。

先日、親子で経営されている顧問先へ訪問した際、父親と長男、次男の3人に対してグループセッションを行いました。父親が創業者で、これから長男と次男のどちらかを後継者として選定することになっています。

筆者が彼らに伝えたかったことは、ただ1つでした。こうやって親子で会社を経営できていることがどれ程素晴らしいことかということでした。親子経営を繋いでいくことが、兄弟の一番大事な役割であり使命だとお話した次第です。モメてちゃダメでしょ。

あとがき

最後までお読みいただきありがとうございました。８年前の秋、売上維持のため、全国の支店、営業所を走り回っていました。

また、売上減が続き、資金がショートし始めたため、取引先等へ支援のお願いに回る日々が続いていました。

そんなとき、体に変調をきたし、病院で慢性骨髄性白血病と診断されました。その半年後、長年経営してきた建設資材販売商社を法的整理するに至りました。

その後、妻と子供たち、そして親戚、友人、知人多くの方々のご支援をいただき、今日に至っています。まだまだ大きな挫折から回復したと言い切ることはできませんが、日々何かしら、誰かのお役に立ちたいとの思いで過ごさせていただいています。

本書は、筆者のブログ「親子経営　繁盛と繁栄の秘策35」を大幅に加筆、訂正したものを上梓いたしました。何人かの方からぜひ本にしてはとのお声があり、私自身も何とかこのテーマで出版したいと考えておりました。

本書の出版まで、何かとお力添えいただきました株式会社ドラゴンコンサルティング五藤万晶先生、そして出版までお世話いただきました出版コーディネーターの小山睦男様に心より感謝申し上げます。ありがとうございました。

平成28年7月

ビジネス・イノベーション・サービス株式会社取締役社長　大石　吉成

著者略歴

大石 吉成（おおいし よししげ）

1956年　兵庫県淡路島生まれ。同志社大学法学部卒業。

現在、ビジネス・イノベーション・サービス株式会社　取締役社長。

大学卒業と同時に家業である建設資材商社に入社。30歳で代表取締役となり、順調に事業拡大する。沖縄から北海道まで支店、営業所網を敷く。M＆Aや新規事業設立によりグループ売上115億円を超すも、2010年、負債総額45億円にてグループ各社法的整理。2011年、友人、知人の支援によりビジネス・イノベーション・サービス株式会社設立。

事業経営者時代、日本全国はもとより世界30数か国をビジネスで飛び回り、グローバルな視野で企業活動を捉えるビジネスセンスは当時から評価された。常に「トップ営業」を信条として事業拡大に努め、引き継いだ家業を10倍にすべく邁進するも、目標到達間近に白血病を患い、メイン金融機関の引締めに会い、敢え無く倒産。人生の大きな挫折を経験し回復することの困難さを自ら知る。世の多くの失敗、挫折経験者へエールのためにも、自らが質の高い人生を実現することを志している。

現在、数社の社外顧問をしながら、親子経営コンサルタントとして活躍中。中小企業経営者、後継者に自らの体験と数多くのコンサルティング現場から導き出した、親から子への失敗しない経営継承の極意を伝授する。

一方、 オーナー企業の後継者や若手経営者のための「大石経営塾」を主宰。中国古典経書四書「大学」「論語」「孟子」「中庸」をビジネスで読み解き、後継者のための「寺子屋」であり現代版「帝王学」実践の場としている。

著書には「親から子へ　失敗しない事業継承5×7つのポイント」（ギャラクシーブックス刊）がある。

ホームページ　http://www.innovate-s.com

親子経営　ダメでしょ　モメてちゃ
ー親子だから経営力が高まる本当のこと

2016年8月24日初版発行　　2016年9月15日第2刷発行

著　者　大石　吉成　© Yoshishige Oishi
発行人　森　　忠順
発行所　株式会社 セルバ出版
〒113-0034
東京都文京区湯島1丁目12番6号 高関ビル5B
☎03（5812）1178　　FAX 03（5812）1188
http://www.seluba.co.jp/
発　売　株式会社 創英社／三省堂書店
〒101-0051
東京都千代田区神田神保町1丁目1番地
☎03（3291）2295　　FAX 03（3292）7687

印刷・製本　モリモト印刷株式会社

Printed in JAPAN
ISBN978-4-86367-286-4